U0684528

峦青 芷蕙——著

有故事的

中国成语

上册

（本）体（篇）

天津出版传媒集团

天津人民出版社

图书在版编目（CIP）数据

有故事的中国成语：全三册 / 峦青，芷蕙著 . --
天津：天津人民出版社，2024.4
　　ISBN 978-7-201-20149-8

　　Ⅰ.①有… Ⅱ.①峦…②芷… Ⅲ.①汉语—成语—
故事—通俗读物 Ⅳ.① H136.31-49

中国国家版本馆 CIP 数据核字（2024）第 034608 号

有故事的中国成语：全三册
YOU GUSHI DE ZHONGGUO CHENGYU QUAN SANCE

出　　版　天津人民出版社
出 版 人　刘锦泉
地　　址　天津市和平区西康路 35 号康岳大厦
邮政编码　300051
邮购电话　（022）23332469
电子信箱　reader@tjrmcbs.com

责任编辑　郭晓雪
特约编辑　石胜利
封面设计　*WONDERLAND* Book design
　　　　　仙境 QQ:344581934

制版印刷　三河市新科印务有限公司
经　　销　新华书店
开　　本　880 毫米 ×1230 毫米　1/32
印　　张　20.875
字　　数　320 千字
版次印次　2024 年 4 月第 1 版　2024 年 4 月第 1 次印刷
定　　价　144.00 元

小朋友，欢迎你踏入成语的世界！

我们是中国人，从小学习写中国字，说中国话，接受中华传统文化的熏陶。成语是一种常见的汉语词汇，是中华文化的瑰宝。它是人们长期使用的固定短语，十分精炼，大多是四个字的，比如"一心一意""水滴石穿"等，也有三个字或多个字的，比如"莫须有""只许州官放火，不许百姓点灯"等。

成语寥寥数字，内涵却十分丰富，传达出精辟的含义，经常用来打比方或说明一个道理。如果小朋友在写作或说话时能恰当、熟练、准确地运用成语，就会令自己的语言表达增色不少，还能巧妙地传递自己的思想和态度。

成语能够让很多小朋友为之着迷，是因为成语背后隐藏着一个个动听的故事。

成语这颗璀璨的明珠植根于悠久的中华文化，有的来源于古代的经典著作，有的来源于真实的历史事件，有的来源于久远的神话传说，还有的来源于流传民间的口头故事。成语故事里蕴含着丰富的中国古代历史知识、文学知识、传统文化知识，形形色色的历史人物悉数登场，让小朋友可以穿越时空，和古人交谈，同历史对话。阅读成语故事，小朋友还能了解到不少中国古人的处世哲学、政治智慧和生活经验。

本套书共三册，分别选取小朋友喜欢的"身体""动物""数字"等三个方面的主题，编创了一百二十一个精彩的成语故事。每一章的编写，都经过了精心、科学的设计：标题提出有趣的问题，引发探究兴趣；"智慧热身"从小朋友熟悉的生活化情境出发，引入正题；"成语故事"用极具视听感的讲述方式，真实还原历史场景，讲述成语源起；"头脑风暴"引发小朋友更深层次的思考，锻炼小朋友的独立思辨能力；"成语游戏"别出心裁，设计各种形式的好玩游戏，鼓励小朋友小试牛刀。

本套书有一个鲜明的编写特色，那就是希望通过启发性提问，引导小朋友对历史事件和人物进行辩证式思考，并且拓展认知的广度和深度。

另一个独特之处，是对成语故事的追根溯源，带领小朋友了解历史事件的前因后果，知其然也知其所以然。比如"画蛇添足"，大家都知道它讲的是为了独享一壶酒，大家比赛画蛇，一个人早早画完，却无中生有，给蛇添上脚。其实，"画蛇添足"是真实历史事件中的一个环节，它是齐国谋士陈轸当说客时用来打比方的寓言。当时，楚国大将昭阳攻打魏国成功，便想一鼓作气，继续攻打齐国。齐王派陈轸当说客，劝说邵阳不要攻打齐国。邵阳为陈轸分析了其中的利害关系，讲了"画蛇添足"的故事，成功劝退邵阳。把成语放在完整历史事件中去学习，小朋友获得的收获要比单纯地听一个成语故事多了许多。类似"背景深厚"的成语还有很多，比如"亡羊补牢""投鼠忌器"等。

古代中国人经常用打比方的方式，来阐述一个道理或表达自己的意见。在打比方时，他们特别善于从身边的事物中就地取材。牙齿、嘴巴、舌头、眼睛、头发、手指……这些看着不起眼的人体部位，都会被聪明的古代人信手拈来，依托自己的形象特征，代替他们说想说的话。

《有故事的中国成语（身体篇）》包含了"五官""手脚""躯干""才貌""情绪"等五个方面的主题，总共四十个成语故事。比如，"唇亡齿寒"讲的是春秋时期，宫之奇劝说虞公不要轻信晋献公的诡计，借道以攻打虢国的故事；"割股啖君"讲的是忠臣介子推割下自己身上的肉给君主重耳充饥的故事；"口蜜腹剑"讲的是唐朝权臣李林甫当面一套、背后一套紊乱朝纲的故事……精彩的讲述，仿佛真的让小朋友置身于刀光剑影、鼓角争鸣之间，去感受一个个鲜活的历史面孔。

《有故事的中国成语（动物篇）》包含了"十二生肖"主题成语故事，并补充了更多有意思的动物成语。每种动物都因它的本性特征，被人们赋予了各不相同的引申色彩。比如，"鸡鸣狗盗"讲的是孟尝君豢养会偷盗、会学鸡叫的门客，门客又助他虎口脱险的故事；"马革裹尸"讲的是东汉大将军马援带兵打仗、战死沙场的英勇事迹……精彩的讲述，仿佛真的让小朋友置身于刀光剑影、鼓角争鸣之间，去感受一个个鲜活的历史面孔。

《有故事的中国成语（数字篇）》包含了数字"一"到数字"十"，以及"半""百""千""万"主题下的成语故事。比如，"一饭千金"讲的是西汉大将韩信回报曾经救济自己的老妇人的故事；"二桃杀三士"讲的是齐国相国晏子用计谋除掉三位骄横权臣的故事；"过五关斩六将"讲的是三国时期蜀国大将关羽的神勇事迹……精彩的讲述，仿佛真的让小朋友置身于刀光剑影、鼓角争鸣之间，去感受一个个鲜活的历史面孔。

相信读后，小朋友会更加热爱博大精深的中国语言，更加着迷于波澜壮阔的中国历史，在中华文化的沃土中汲取成长的养分和智慧！

目 录

上册　身体篇

五官的成语

不堪回首：千古词帝的词，为什么越写越哀愁？ …………1

唇亡齿寒：嘴唇没了，牙齿还保得住吗？ ……………7

齿亡舌存：嘴巴三剑客，谁的道理多？ ……………12

刮目相看：能文能武，草莽武夫凭啥成了江东儒将？ …17

黄粱一梦：沉沉浮浮，如履薄冰，古代做官哪有那么容易？22

口蜜腹剑：玩弄权术的丞相，怎么反被权术玩弄了？ …27

盲人摸象：好端端的大象，怎么变成了四不像？ ………32

怒发冲冠：爱江山，更爱美玉，帝王们为啥迷恋一块石头？37

三寸之舌：不输刀枪剑戟，软舌头竟能抵过百万兵？ …42

弹冠相庆：一代霸主，怎么就活活饿死了？ ……………47

笑里藏刀：用不好叫笑面老虎，用得好叫三十六计？ …52

信口雌黄：没有橡皮的年代，写错了字，古人怎么擦？ 57

掩耳盗铃：笨贼偷的青铜钟，为何价值连城？ …………62

一叶障目：生活少不了钱，钱是怎么来的？ ……… 67

余音绕梁：才华横溢的古代歌唱家，歌唱得有多好？ … 72

成 语 游 戏 五官争功…………………………… 77

手脚的成语

揠苗助长：先秦时代，谁是讲故事的高手？ ……… 79

邯郸学步：了不起的千年古城，藏了多少典故？ ……… 84

上下其手：一上一下，暗藏什么玄机？ ……… 89

食指大动：染指于鼎，为何犯了大忌？ ……… 94

削足适履：都是皇族兄弟，为何同室操戈，相煎太急？ 99

郑人买履：左准绳，右规矩，古人用啥测长短？ ………104

成 语 游 戏 手脚配配对…………………………110

躯干的成语

病入膏肓：什么是膏？什么是肓？ ………112

负荆请罪：古人犯了错，怎么表达歉意？ ………117

割股啖君：救了国君命，为啥不邀功？ ………122

黄袍加身：哪种颜色，除了皇帝谁都不敢穿？ ·············127

讳疾忌医：小毛病怎么变成大麻烦？ ·················132

胯下之辱：做大事的人，要能屈能伸，还是宁折不弯？ 136

力不从心：坐镇西域三十年，班超有什么奇策？ ·······141

呕心沥血：焦思苦吟的诗中鬼才，文章写得有多好？ ···146

专心致志：晒一天，冻十天，齐宣王为啥让人寒了心？ 151

成语游戏 肚子里的大学问 ·················156

才貌的成语

城北徐公：骨鲠之臣怎样巧劝君王纳谏？ ···········157

东施效颦：沉鱼美貌，怎么成了复国利器？ ···········162

江郎才尽：文人睡觉，什么东西常入梦？ ···········166

其貌不扬：口才好，点子多，相貌平平又何妨？ ·······171

成语游戏 英雄和美人 ·················177

情绪的成语

爱屋及乌：古代战败的俘虏，会有怎样的命运？ ………178

乐不思蜀：甘心为虏，不思复国，谁是扶不起的阿斗？ 183

杞人忧天：和天有关的事儿，都是古人的心病？ ………188

秦廷之哭：男儿有泪也轻弹，谁是最爱哭的男人？ ……193

前倨后恭：先傲慢，后恭敬，势利眼怎么这么势利？ …198

扬扬自得：赶车的小卒，怎么变成士大夫？ …………203

成语游戏 喜怒哀乐排排队……………………………208

成语游戏答案 …………………………………………210

中册　动物篇

鼠的成语

鼠目寸光：目光短浅，能走多远？ ·················213

投鼠忌器：犯罪的大臣该怎么处罚？ ·················217

成语游戏　猫捉老鼠·················222

牛的成语

对牛弹琴：怎么说，别人才会听？ ·················224

牛角挂书：古人为了学习，还能多"奇葩"？ ···········229

牛郎织女：美丽的女神为何总带着梭子？ ·············234

庖丁解牛：古代厨神是怎样炼成的？ ·················239

成语游戏　古代牛人有多牛·················243

虎的成语

不入虎穴，焉得虎子：班超为什么叫"班定远"？ ……245

狐假虎威：狐狸耍威风，全凭谁撑腰？ ……………250

三人成虎：皇帝的耳根子为什么不能软？ ……………255

与虎谋皮：与谁不相为谋，与谁惺惺相惜？ …………260

成语游戏 调兵遣将的虎符……………265

兔的成语

狡兔三窟：兔子挖洞，挖出什么政治智慧？ …………267

守株待兔：什么错误，农夫和国君都会犯？ …………272

兔死狗烹：古代君王为什么喜欢过河拆桥？ …………277

成语游戏 动物躲猫猫……………………282

龙的成语

车水马龙：布衣皇后为啥不重用娘家人？ ·············· 284

画龙点睛：神来之笔有多神？ ·············· 289

叶公好龙：谁是倒霉的背锅侠？ ·············· 294

成语游戏　和皇帝比接龙 ·············· 299

蛇的成语

杯弓蛇影：一杯酒，差点儿要了一条命？ ·············· 301

打草惊蛇：蛇鼠一窝多可怕？ ·············· 306

画蛇添足：四脚蛇怎么吓退百万兵？ ·············· 311

成语游戏　贪心不足蛇吞象 ·············· 316

马的成语

伯乐相马：我的命运谁做主? ·················318

老马识途：什么事情马行，人不行? ·················323

马革裹尸：谁是精忠报国的好男儿? ·················328

塞翁失马：一匹马引发的蝴蝶效应，是福? 是祸? ······333

指鹿为马：真近视，还是假眼花? ·················338

成语游戏 金戈铁马论英雄·················343

羊的成语

亡羊补牢：小窟窿，还是大问题? ·················345

成语游戏 造字法里的小肥羊·················350

猴的成语

井底捞月：猴子能捞到井里的月亮吗? ·················351

沐猴而冠：一句话，丢了一条命? ·················356

朝三暮四：古人为什么喜欢猴子? ·················360

成语游戏 众星捧"月"·················364

鸡的成语

呆若木鸡：根毛都没掉，它靠什么力压群鸡？ ···········365

杀鸡取卵：急于求成，成不成？ ··············370

闻鸡起舞：公鸡打鸣，叫醒了哪位国家栋梁？ ········374

成语游戏 爱打比方的大公鸡···················379

狗的成语

狗尾续貂：皇帝的馊主意有多馊？ ··············381

挂羊头，卖狗肉：谁的表里不如一？ ············386

鸡鸣狗盗：孟尝君到底善不善于识人？ ···········390

鸡犬升天：八卦炉里，真能炼出灵丹妙药？ ········395

成语游戏 荒唐荒唐真荒唐···················400

猪的成语

杀彘教子：彘是什么？ ················ 401

辽东白豕：你拿什么丈量世界？ ················ 405

成语游戏 令人着迷的四师徒 ················ 411

其他动物的成语

黔驴技穷：外表看着厉害，就真的厉害吗？ ··········· 413

博士买驴：写驴契，为什么连个"驴"字都没有？ ········ 418

一鸣惊人：这个皇帝是真傻，还是装傻？ ··········· 423

成语游戏 没有"鸟"的鸟成语 ··················· 428

成语游戏答案 ················ 430

下册　数字篇

数字一的成语

一饭千金：什么样的饭食，才能如此贵重？ ……………435

一鼓作气：击战鼓的背后，有什么大学问？ …………439

一日千里："马车司机"怎么成了大功臣？ …………443

一字千金：世上真有这么贵的字？ ……………………447

成语游戏 爱站第一的排头兵……………………………451

数字二的成语

二桃杀三士：争桃子，为何还争出个你死我活？ ………453

国士无双：韩信是怎么实现理想的？ …………………458

两袖清风：是随波逐流，还是坚持做自己？ …………462

一箭双雕：神射手缘何这么神？ ………………………466

成语游戏 调皮的三兄弟……………………………470

数字三的成语

孟母三迁：三迁是搬了几次？ ……………………472

三皇五帝：上古时期的大人物，有多牛？ …………476

退避三舍：晋文公的撤退，仅仅是为了守信用吗？ ……480

韦编三绝：爱读书，可以爱到什么地步？ …………485

约法三章：刘邦为什么赢得了民心？ ………………489

成语游戏 接"三"连"四" ……………………494

数字四的成语

家徒四壁：贫穷是不是真的一无所有？ ……………496

狼烟四起：从哪里去找那么多狼粪？ ………………501

四体不勤，五谷不分：入世还是归隐，古代知识分子怎么选？ 505

成语游戏 了不起的"四" ……………………509

数字五的成语

不为五斗米折腰：做县令，一个月能拿几斤米？　………511

三令五申：用兵如神的军事家，怎么让士兵听话？　……516

成语游戏　从一到五来接龙…………………………521

数字六的成语

过五关，斩六将：一个回合手刃敌人，关羽怎么如此神勇？ 522

三头六臂：哪吒大战孙悟空，谁赢了？　…………………527

成语游戏　爱写诗的数字娃娃………………………532

数字七的成语

七步成诗：才思可以拿来救命吗? ·················534

七尺之躯：全身心都在学习是什么样? ·················539

七纵七擒：交朋友和树敌人，哪样更好? ·················543

七月流火：热得像天上掉火? ·················548

成语游戏 成语里的大人物·················552

数字八的成语

八仙过海：你见过神仙打架吗? ·················554

才高八斗：谢灵运真的很有才吗? ·················559

成语游戏 寻找"小尾巴"·················563

数字九的成语

九牛二虎：沉香靠什么救出了母亲？ ………… 565

九牛一毛：司马迁为什么能写出《史记》？ ………… 570

九仞一篑：成功和失败，为何就差这一筐土？ ………… 574

一言九鼎：毛遂为何能说出分量很重的话？ ………… 578

成语游戏 最尊贵的九 ………… 583

数字十的成语

一目十行：怎样拥有快速阅读的能力？ ………… 585

一曝十寒：恒心从哪里来？ ………… 588

成语游戏 数字好兄弟 ………… 592

数字半的成语

半途而废：你知道几个表示没有坚持到底的成语？ ……593

事半功倍：怎么做，才是高效率？ ……………………598

成语游戏 "半"和"全" ………………………603

数字百的成语

百步穿杨：百步有多远？ ……………………………605

成语游戏 百发百中 ……………………………610

数字千的成语

千变万化：古代仿真机器人，是真的吗？ ················ 611

千金买骨：如此重金，到底买了什么？ ················ 615

千里之堤，毁于蚁穴：小蚂蚁有大威力？ ·············· 620

成语游戏 "十个一百"和"很多很多" ··········624

数字万的成语

万乘之国：大国何以为大？ ···················· 626

万无一失：韩信是怎么"错失良机"的？ ·············· 631

成语游戏 千千万万 ···························· 636

成语游戏答案 ································ 637

五官的成语

不堪回首

千古词帝的词，为什么越写越哀愁？

成语 不堪回首

含义 不忍再去回忆过去的经历或情景。

智慧热身

小朋友，你知道吗？中国古代有种文学形式叫"词"，和着音乐吟唱出来，特别好听。苏轼、辛弃疾、李清照这些文学大咖，都是一等一的写词高手。

南唐有个文艺青年叫李煜，他出身于皇室，平日里就爱写写词、谱谱曲。他总能妙笔生花，写出很有艺术感染力的佳作，还得了个"千古词帝"的美名呢。

可是，从"晓妆初了明肌雪，春殿嫔娥鱼贯列"的生活到"独自莫凭栏，无限江山，别时容易见时难"的故土之思，你有没有感觉到，他写的词越来越悲伤、越来越哀愁了？

都说言为心声，书为心画。那李煜的心里，又隐藏着什么伤心的往事呢？

成语故事

北宋的都城汴京，是一座歌舞升平的不夜城。

天色不早了，大大小小的酒肆茶楼依旧灯火通明，南来北往的商客旅人流连于繁华的街头，林林总总的瓦肆里挤满了唱曲儿的、杂耍儿的，吆喝声、叫卖声、喝彩声此起彼伏，好不热闹。

汴京城西北角，坐落着一处幽深的庭院，几棵梧桐树寂寞地立在院中。任凭外面熙熙攘攘，院主人李煜的心中却满是清冷和悲伤。

去国怀乡，他离开故土金陵，被大宋朝廷软禁在这梧桐院里，已经快三年了。

十几年前，二十几岁的李煜登基，成为南唐的皇帝。自小生活在金陵深宫中的他多愁善感，才华横溢，喜欢写字、画画、弹琴，尤其擅长作词，可就是不喜欢治国，也没有什么野心。

他和美丽的皇后花前月下，如胶似漆。皇后翩翩起舞，李煜琴瑟和之，沉浸在歌舞升平的安乐世界中。直到有一天，宋朝的铁骑踏破了金陵的大门。

　　其实在这之前，国力衰微的南唐为保全江山社稷，已经归顺了大宋。但凡宋朝得胜归来或是举办喜庆活动，李煜都会进贡财物，后来还主动去除唐号，贬损仪制，成为宋朝的附庸。

　　然而一退再退的自贬和让步并不能消除对方的戒心，更不能阻止他鲸吞土地的野心。在顽强抵抗了数月后，金陵城内弹尽粮绝。走投无路的李煜递上降书，和家眷一起被装上囚车，一路颠簸地押解到了汴京。

　　看到他心力交瘁、战战兢兢的狼狈模样，宋太祖赵匡胤故意嘲弄道："既然你已诚心归顺，我就不杀你了，赐你当个违命侯吧。哈哈哈！"

　　在古代，封侯加爵本是件光宗耀祖的好事，可对李煜来说，这个违命侯的名号却是个大大的耻辱。他敢怒不敢言，羞愧得恨不得钻进地缝里。

　　性命是保住了，却没有半点儿人身自由；身边倒有仆人侍奉，可都是些耳目探子：他的一举一动都在宋朝皇帝的眼皮子底下呢。

　　违命侯、亡国奴、阶下囚……耻辱的标签字字扎心，国破家亡的噩梦日日盘旋在脑海，以泪洗面成了李煜的家常便饭。他用写词的方式排遣心中的愤懑和悲伤，这一写，竟成就了许多千古佳作：

无言独上西楼，月如钩。

寂寞梧桐深院锁清秋。

剪不断，理还乱，是离愁。

别是一般滋味在心头。

（《相见欢·无言独上西楼》）

帘外雨潺潺，春意阑珊。

罗衾不耐五更寒。

梦里不知身是客，一晌贪欢。

独自莫凭栏，无限江山。

别时容易见时难。

流水落花春去也，天上人间。

（《浪淘沙令·帘外雨潺潺》）

一天晚上，孤独的李煜独自登上空空的西楼，望着惹人思乡的明月，心乱如麻。他带着悠悠的愁绪，吟出一首《虞美人》：

春花秋月何时了？往事知多少。

小楼昨夜又东风，故国不堪回首月明中。

雕栏玉砌应犹在，只是朱颜改。

问君能有几多愁？恰似一江春水向东流。

是啊，从万人之上的皇帝沦为身败名裂的囚徒，这样令人不堪的过去，谁都不忍再去回忆的啊。

遥想当年
不甚感伤

这首怀念故国的词，被探子传到宋太宗赵光义的耳朵里。虽然李煜早已构不成什么威胁，宋太宗仍然一百个不放心，就叫人往酒里掺了致命的毒药，在李煜生日那天当作贺礼赐给了他。

就这样，"千古词帝"李煜的故事定格在了他四十二岁生日那天。殒命梧桐院的李煜，到死也没能再看一眼令他魂牵梦绕的金陵。而愁肠百结的《虞美人·春花秋月何时了》也成为他交织着矛盾和痛苦的生命中最后一篇深情的华章。

头脑风暴

小朋友，故事讲完了，我们来做个头脑风暴吧——千古词帝的词，为什么越写越哀愁？

李煜既是一位皇帝，又是一位词人。作为皇帝，他可能比不上那些雄韬大略的有名帝王，但作为词人，他可是取得了很高的成就呢。

亡国这件事，成了李煜词作风格和主题的分水岭。亡国前，他是一国之君，爱写歌舞升平的宫廷生活和花前月下的男女爱情。亡国后，他沦为地位低下的囚徒，开始抒写对故国、乡土的深深思念以及孤独、悲愤、懊悔的心情。人们既同情他的悲惨遭遇，又对他词中的情绪感同身受，再加上他的词作艺术性很高，所以大家都很喜欢他的词呢。

唇亡齿寒

嘴唇没了，牙齿还保得住吗？

成语 唇亡齿寒

含义 嘴唇没有了，牙齿就会觉得冷，形容关系密切，利害相关。

智慧热身

小朋友，你知道"联盟"这个词吗？

春秋战国的时候，周王室衰微，大大小小的诸侯国各自为政。它们都想扩大地盘，今天你吞了我，明天我灭了你，兼并战争三天两头不断。

为了生存，一些小国、弱国就结成联盟，用集体的力量抵御大国、强国。齐、楚、燕、韩、赵、魏就曾联手对抗强大的秦国，令秦军十五年不敢迈出函谷关。

要联盟，就得心往一处想，劲儿往一处使。如果为了一己私利而破坏盟约，很可能会被狡猾的对手钻了空子，害人害己。

历史上，可真有这样血淋淋的教训呢。

成语故事

在很久很久以前的春秋时期，中原大地上有虞、虢两个小国。它们因为国土相连，就结成了联盟，遇到事情经常互相帮忙，关系挺不错的。

离它们不远处是强大的晋国，晋献公虎视眈眈，总想夺取更多的土地。

有一次，晋献公准备讨伐虢国，却遇到了难题——想到虢国去，必须得经过虞国，而作为虢国的好兄弟，虞国怎么肯借道呢？

大臣荀息献计说："听说虞国国君目光短浅，特别爱占小便宜，我们就投其所好，把良马和玉璧送给他，他一定会同意借道的。等灭了虢国，虞国就成了孤家寡人。到时候，不仅能夺回良马和玉璧，就连虞国也是您的了。"晋献公对这个计策连连叫绝，马上派荀息带着厚礼赶到虞国。

虞国有个大夫叫宫之奇，此人深谋远虑，精明能干。他一见到晋国送来的白璧和宝马，就识破了送礼借道的诡计。

他劝虞公说："晋国送这么贵重的礼物，一定有什么阴谋。虞、虢两国是盟友，谁也离不开谁，要是虢国灭亡了，虞国也将前途未卜。大王，您可万万不要答应晋国的借道要求啊！"

贪心的虞公早就被眼前的珍宝迷花了眼："晋国特意送来美玉和宝马，多有诚意啊。不就是借条道儿吗，有什么不行？"于是，他笑眯眯地发放了通行证。

晋献公喜出望外，立即派精兵强将取道虞国，攻打虢国，占领了虢国的一部分土地。

过了三年，晋献公又想讨伐虢国，便派荀息带着厚礼，再次向虞国借道。虞公想都没想就答应了。

宫之奇急得不得了："过去虞、虢两国拧成一根绳，别国才不敢欺负我们。上次借道已经破坏了虞虢联盟，铸成了大错，岂能再错下去？虢国亡了，虞国还有活路吗？所谓"辅车相依，唇亡齿寒"，意思是说：如果没了面颊，牙床就要暴露在外面，如果没了嘴唇，牙齿就会感到寒冷。这说的不正是虞国和虢国吗？"

虞公却不以为然："上次晋国借道，我们连根毫毛都没少，还凭空得了好多礼物。你真是杞人忧天、庸人自扰啊。"

悲愤的宫之奇带着一家老小离开了虞国。临走前，他哀叹道："灭掉了赖以依靠的盟友，等于没有了嘴唇，失去了嘴唇的保护，牙齿想不受寒也难啊。唉，虞国要亡国了！"

他分析得果然没错。这年冬天，晋国先灭掉了虢国，在班师回朝的路上又突袭了虞国。没有一点思想准备的虞公被轻而易举地活捉了，虞国也随之灭亡。

"辅车相依，唇亡齿寒"，面颊和牙床、嘴唇和牙齿，真是一荣俱荣、一损俱损啊。

宫之奇借用人的五官形象比喻了国家间相互依赖的关系，真是巧妙。只是不知道，沦为阶下囚的虞公，在囹圄中有没有幡然醒悟，参透宫之奇劝谏的良苦用心呢？

头脑风暴

小朋友，故事讲完了，我们来做个头脑风暴吧——嘴唇没了，牙齿还保得住吗？

其实，不仅国与国之间唇齿相依，世界上很多事情都是唇齿相依的，比如人和自然的关系。

走在大街小巷，你一定见过书写着"保护花草树木""保护环境"

字样的牌子。你有没有想过，为什么要保护环境呢？

人的命运和环境息息相关。如果环境遭到了人为的破坏，呛人的空气、肮脏的河水、受到污染的植物和动物，都可能威胁到人的健康和生命。所以啊，保护环境就是保护我们自己呢。

小朋友，你身边还有什么是唇齿相依的呢？你能想一想、说一说吗？

齿亡舌存

嘴巴三剑客，谁的道理多？

成语 齿亡舌存

含义 牙齿都掉了，舌头还存在。比喻刚硬的东西容易折断，柔软的东西常能保全。

智慧热身

小朋友，你知道吗？在遥远的春秋战国，出现了很多"子"。

儒家学派的孔子、孟子、荀子，道家学派的老子、庄子，墨家学派的墨子，法家学派的韩非子……他们既有高尚的道德，又有渊博的学识，所以被尊称为"子"。

生活在那个动荡时代的人，思想十分活跃，敢想敢说也敢做。"子"们招揽门徒，著书立说，把自己对治国修身、道德教化乃至自然宇宙的种种看法传播给更多的人，形成了百家争鸣的璀璨盛况。

在众多"子"中，老子显得非常与众不同。为什么这样说呢？

成语故事

老子出生在楚国，姓李名耳，是春秋末期大名鼎鼎的思想家、哲学家、文学家和史学家，创立了诸子百家中的道家学派。老子很早就离开家乡，到周朝的藏书室工作，担任史官。藏书室是国家级别的图书馆和档案馆，珍藏着数不清的古代典籍和历史文献。老子抓住这个机会，如饥似渴地博览群书，渐渐成了个大学问家。连孔子都慕名而来好几次，向他虚心求教呢。

老子成了孔子的老师，那么老子的老师又是谁呢？

在进入藏书室之前，老子曾跟随一位老师学习殷商礼乐知识。这位老师叫常枞，是个学识渊博、为人谦卑的老先生。年轻的老子十分尊敬常枞，常枞也对这个聪慧好学的弟子爱护有加。

多年后，常枞身体日渐衰老，最后久病不起，生死就在旦夕之间。

老子难过极了，赶忙前去探望。他握着病榻上那双干枯瘦削的手，忧心忡忡地问："老师，您对弟子还有什么教诲吗？"

常枞颤颤巍巍地说："我的病恐怕治不好了，即使你不问，我也要说的。路过故乡要下车，是为什么呀？"

"路过故乡要下车，是让我们别忘本。"老子回答。

常枞点点头："没错。那看到树木要迎上前，又是为什么呀？"

"看到树木要迎上前，是让我们尊老敬老。"老子再答。

常枞微微笑："又说对了。你看看，我的舌头还在吗？"他张开嘴巴，用手指了指里面。

"当然还在。"老子点点头。

"那牙齿呢？"常枞追问。

"牙齿早就脱落了，掉光了。"老子摇摇头。

"你知道齿亡舌存的背后，有什么道理吗？"常枞意味深长地看着他。

"舌头之所以能保全，不就是因为它柔软吗？牙齿之所以都没了，不就是因为它刚硬吗？"一番思索后，老子给出了答案。

"对极了。普天之下为人处世的道理啊，都藏在咱们刚才的话里了。你的悟性很高，一定能参透其中的深意。我很放心，没什么再嘱咐你的了。"常枞欣慰地笑了。

这些话被老子牢记在心，深深地影响了他的一生。在老子所写的《道德经》中，就表达了这样的观点：

人出生时很柔弱，死后会变得僵硬。草木出生时很柔弱，死后会变得枯黄。所以，坚强和死是一类的，柔弱和生是一类的。军队要是逞强，就会打败仗；树木要是粗壮，就会被砍伐。有时候啊，强大的反而比不上柔弱的呢。

刚硬的东西容易折断，柔软的东西常能保全。小到为人处世，大到治国理政，这种以柔克刚的观点，也不失为一种富有智慧的生存之道呢。

头脑风暴

小朋友，故事讲完了，我们来做个头脑风暴吧——嘴巴三剑客，谁的道理多？

咦，这嘴巴三剑客，说的都是谁呀？哈哈，当然是住在嘴巴里的三兄弟——嘴唇、牙齿和舌头啦。

牙齿骄傲地说："瞧瞧我，周身晶莹白皙，这叫齿如含贝。我妙语连珠，伶牙俐齿，谁能比我口才好？我最讲义气了，谁对我有恩，我会没齿难忘。可我也不好欺负，要是把我惹急了，我会生气得咬牙切齿。所以啊，我是嘴巴里最厉害的角色啦。"

嘴唇听了不服气，把自己都撇歪了："牙齿啊牙齿，你太骄傲了。你住屋里我把门，要是没了我，冷风透进来，你就得哆哆嗦嗦打战。"

舌头也帮腔说："就是就是。别看牙齿硬，老了就掉光光了。别看我这么柔软，却能坚持活到最后呢。而且，我和嘴唇搭档，它扮枪，我扮剑，几句话就能定了江山。"

小朋友，请聪明的你来评评理吧：

嘴巴三兄弟的争论中，都藏了哪些成语？这些成语里，又包含着怎样的大道理呢？

刮目相看

能文能武，草莽武夫凭啥成了江东儒将？

成语 刮目相看

含义 用新的眼光来看待。

智慧热身

小朋友，中国古代的官员有文官、武将之分。你知道他们各自擅长什么吗？

文官博学多识，擅长出谋划策，治理内务；武将身强体壮，擅长操练军队，保卫国家。他们是国君的左膀右臂，少了谁都不行。

如果一个人，既有文官的学识和谋略，又有武将的身手和胆量，文才与武功兼备，那可是太难得了。这种人被尊称为儒将。

能尽职尽责做好一类事，就很了不起了。像儒将这样文武双全的多面手，又是经过怎样的淬炼，才比别人更胜一筹呢？

成语故事

很久很久以前，魏国、蜀国和吴国三足鼎立，瓜分天下。三国都想扩大自己的地盘，在攻城略地的征战中，自然少不了骁勇的武将冲锋陷阵。

吴国首领孙权帐下有个武将叫吕蒙。他自幼没读过什么书，做事草率鲁莽，虽凭借匹夫之勇赢得不少战功，却总被旁人讥笑为有勇无谋，打仗不动脑子。吕蒙胆子不小，可就怕向孙权汇报工作。因为识字少，文化水平低，他连个简单的文告奏章都磕磕巴巴写不来。身为得力干将却目不识丁，这让孙权着实替他着急："吕蒙啊吕蒙，你现在是高级将领了，要多读读书啊。"

吕蒙推托说："主公，军队里的事务太繁杂了，我实在没有时间啊。"

孙权苦口婆心劝道："我只是希望你对各种经典有所涉猎，又没让你当个皓首穷经的大学究。要说事多，谁能比我多？我还经常抽空学习呢，开卷有益啊。"

吕蒙听了十分惭愧，决心利用军旅闲暇好好读书。他很有毅力，孜孜不倦，许多年下来，竟把史书、兵书、经书啃了个遍，书堆了满满几箱子。

这时候的吕蒙，不仅学识大大提升，还多了一份温文尔雅的气质，就连说话做事都不一样了。每每遇到难题，他总能学以致用，发表真知灼见，令很多老儒生都自愧不如。

一次，东吴大将鲁肃去陆口任职，途中拜访了吕蒙的驻地。席间，两人推杯换盏，酒到酣处，吕蒙问："您镇守陆口，离关羽辖地不远。万一对方来犯，您会采取怎样的策略应对呢？"

鲁肃是个儒将，多谋善断，很有政治头脑，有些瞧不上眼前这个头脑简单、四肢发达的武夫。他随口敷衍道："嗨，能有什么策略，到时候随机应变呗。"

吕蒙没看出鲁肃的心思，忧心忡忡地说："虽说现在孙刘联合抗曹，彼此各守其土，相安无事，可争霸战中哪有永远的朋友？

关羽是个熊虎之将，很有野心，您万万不可轻敌啊。"接着，他详细分析了当前形势，提出了几个很有见地的应对策略，讲得条条有理，头头是道。

鲁肃听了又惊又喜，赞叹道："吕蒙啊吕蒙，你现在有勇有谋、能文能武，再也不是当初那个只会打打杀杀的吴下阿蒙了。"

吕蒙哈哈大笑："兄长啊兄长，都说士别三日，当刮目相看。我勤学苦读了这么多年，已经长进了不少，你可不能再用老眼光看我了哟。"

鲁肃对吕蒙勤勉好学的品质十分钦佩，从此以后两个有共同语言的人惺惺相惜，成了很好的朋友。

头脑风暴

小朋友，故事讲完了，我们来做个头脑风暴吧——草莽武夫凭啥成了江东儒将？

吕蒙是关羽的克星。关羽大意失荆州，可少不了吕蒙的谋划呢。

他先用调虎离山计调走了关羽的大军，又用瞒天过海计把战船假扮成商船，把将士假扮成商人，偷袭了南郡、武陵和零陵，夺回了关羽控制的荆州。

吕蒙还善于攻心计。进驻荆州后，他下令保护城内百姓，抚恤将士家属，就连关羽派过来的使者都给予厚待。他还差人早晚慰问城内老人，给生病的人送去草药，给饿肚子的人送去粮食，给寒冷的人送去衣服。

听说家中老小平安，受到的优待比平时还多，关羽军中的将士们一个个都没了斗志，不想再打仗了。

荆州是回不去了，关羽被逼得败走麦城，最后被吴将擒拿，丢了性命。

就连《三国志》作者、西晋著名史学家陈寿也这样评价吕蒙：吕蒙勇而有谋断，识军计，谲郝普，擒关羽，最其妙者。初虽轻果妄杀，终于克己，有国士之量，岂徒武将而已乎！

从行事莽撞的一介武夫到智勇双全的江东儒将，勤勉好学的吕蒙通过读书，让自己驰骋于更广阔的天地中，真是令人刮目相看啊！

黄粱一梦

沉沉浮浮，如履薄冰，古代做官哪有那么容易？

成语 黄粱一梦

含义 比喻荣华富贵如梦一般短促虚幻，也比喻虚幻不能实现的梦想。

智慧热身

小朋友，你知道吗？唐朝除了诗歌，还有一种流行的文学样式，它就是唐代传奇。

唐朝时经济繁荣，生活安定，人们茶余饭后就爱凑到一起听故事。唐代传奇就是当时出现的一种短篇小说，供人们消遣娱乐。

这些小说大多写神仙鬼怪、男女爱情、人间百态、历史侠义等奇闻逸事，情节曲折婉转，语言细致华美，故事特别吸引人，不仅老百姓喜欢，连高高在上的皇帝都听得津津有味。

有两篇脍炙人口的唐代传奇写的都是"奇怪的梦"。有多奇怪呢？

一篇叫《南柯太守传》，说的是淳于棼梦游槐安国，娶公主，做大官，享尽荣华富贵，最后却因和檀萝国交战吃了败仗被遣返回家。惊醒后他发现，那槐安国果真有，竟是大槐树底下的蚂蚁洞呢。

另一篇叫《枕中记》，里面的穷书生也经历了官场的沉沉浮浮，比南柯太守的还要惊险呢。一起来听听吧。

成语故事

唐朝开元年间，老道士吕翁云游四方，来到邯郸，找了家客栈投宿。一个姓卢的年轻人身穿粗布短衣，和他坐在一张草席上休息。

两人愉快地交谈起来。聊着聊着，卢生长叹道："唉，我书读得很好，本想考取功名，封侯拜相，无奈时运不济，一把年纪了还只能在郊外耕田，过得穷困潦倒，真是人生不得意啊。"说完，他打了个哈欠，困乏地揉了揉眼睛。

吕翁从包袱里掏出个青瓷枕，递给卢生："年轻人，趁店主的黄粱饭还没蒸好，你就枕着它睡一会儿吧。你要的荣华富贵，都在里面呢。"

卢生迷迷糊糊枕了上去。咦，枕头两边的小孔怎么越变越大，尽头还有亮光？他好奇地走进孔洞，走着走着就到了家。

从这天起，上天好像变得特别眷顾卢生，他时来运转，好事一桩接一桩。

卢生先迎娶了大户人家的女儿，妻子美丽贤惠，陪嫁多得数不清。他摇身一变，成了个有钱人。

第二年，卢生参加科举考试中了进士，当上秘书省的校书郎。后来，他又节节高升，陆续做过渭南县尉、监察御史、采访使、京兆尹、河西节度使、吏部侍郎，直至户部尚书兼御史大夫。

当了大官的卢生，能力出众，两袖清风。修河道，兴水利，方便交通，百姓刻石碑歌颂他的功德；平匈奴，拓疆土，筑造要塞，皇帝也对他大举封赏。

"我终于功成名就、光耀门楣了。"卢生喜笑颜开。

可是，树大招风风撼树，人为名高名丧人。当朝宰相嫉妒卢生的才能，在皇帝面前说尽了坏话，于是，皇帝将他贬为端州刺史。

三年后，皇帝思念他，将他召回并封为宰相。十几年间，卢生不辱使命，将朝政治理得欣欣向荣，是个不可多得的贤相。

春风得意之际，又有人诬陷他勾结外部势力，意欲谋反。白发苍苍的卢生被投进深牢，身披囚衣，脚锁镣铐，孤穷无援，性命危在旦夕。受牵连的人都被杀了，多亏最后关头有人求情，卢生才免于一死，却被流放到边陲荒蛮之地。

几年后，皇帝为他平反，赏赐了数不清的良田、马匹和美人，册封燕国公。这可是古代地位显赫的一等公爵呢。

卢生位列三公，几个儿子也很有出息，不仅做了高官，娶的媳妇全是名门闺秀，还得了十几个可爱的小孙孙。

时光荏苒，转眼间卢生已经八十多岁了。他回想起自己的一生，感慨道："我经历过平步青云的得意，也经历过贬官流放的失意；得到过皇帝的恩宠，也遭受过小人的诽谤；享受过琼楼玉宇中的锦衣玉食，也曾住在茅草房里吃糠咽菜。我时时刻刻如履薄冰，诚惶诚恐，最后也算是成就了锦绣人生。"

生了重病的他想告老还乡，落叶归根。皇帝不舍，请来最好的大夫医治。可谁也没有回天之力，卢生还是病死了。

"啊！"卢生大叫一声，从梦中惊醒。他疑惑地揉揉眼睛，看到一切还是睡觉前的样子：自己穿着粗布短衣，吕翁坐在草席上，店里热气氤氲，锅中的黄米饭咕嘟咕嘟还没蒸熟呢。

"原来是个梦呀。"卢生擦擦满头的冷汗，松了口气。

"呵呵，你要的荣华富贵，不过如此啊。"吕翁微微一笑，仿佛什么都知道。

"一场梦的时间，荣宠与耻辱、困顿与显达、得到与失去、死亡与生存的道理，我全都悟明白了。谢谢您及时抑制了我的欲念。"卢生向吕翁拜了又拜，谢了又谢，然后牵着马离开了。

头脑风暴

小朋友，故事讲完了，我们来做个头脑风暴吧——沉沉浮浮，如履薄冰，古代做官哪有那么容易？

在中国古代，平头百姓想当官一点也不容易。古代的选官制度，很早以前实行世官制，官位是世袭的，爷爷爸爸没当官，儿子孙子也当不了。后来又实行察举制，想当官，得由地方长官考察推荐。再后来实行科举制，全国统一考试给寒门学子提供了改变命运的机会。

口蜜腹剑

玩弄权术的丞相，怎么反被权术玩弄了？

成语 口蜜腹剑

含义 口有蜜，腹有剑，嘴上说得很甜美，心里却怀着害人的主意。形容为人狡猾阴险。

智慧热身

小朋友，你爱吃糖吗？如果有个人话说得好听，比糖都甜，你会不会对他多一份信任，多一份好感呢？

我想，大多数人都是表里如一、善良如初的。可凡事都有例外，"画龙画虎难画骨，知人知面不知心"的反面例子也很多。嘴里抹了蜜，脸上笑盈盈，不一定就是真可爱，没准是口蜜腹剑、笑里藏刀呢。

遇到这样的人，是不是得保持十二分的警惕呢？

成语故事

中国古代有个官职叫丞相，一人之下、万人之上，说的就是它。丞相是皇帝的左膀右臂，位高权重，谁来当，可是关系到宫廷安危和国运盛衰的大事呢！

唐玄宗当政时，任用过二三十位丞相，其中不乏姚崇、宋璟、张九龄这样恪尽职守的贤相。而在丞相位置上坐得最长久、最稳当的，偏偏是一个叫李林甫的人。人品极差、名声又不好的他，凭什么能获得皇帝的宠信，独揽大权十九年呢？

这个李林甫啊，特别善于钻营，鬼点子尤其多。从哪儿能升迁，从哪儿能发财，他的鼻子就"嗤嗤嗤"地嗅向哪儿，比狗鼻子还灵呢。

为了讨好皇帝，李林甫不惜花大价钱买通宦官，打听宫里的动静。唐玄宗说了什么话，做了什么事，他都一门儿清。每次御前奏对，他都能顺着皇帝的心思回答，哄得唐玄宗龙颜大悦。

对上，李林甫像哈巴狗一样极尽谄媚之态。对同僚，他又是怎样一副嘴脸呢？

李林甫嫉贤妒能，生怕别人地位比他高，权力比他大。皇帝想提拔谁，他就千方百计排挤谁。别看他外表和气，满脸堆笑，内心却阴险毒辣得狠。

有一次，唐玄宗在勤政楼上垂帘观舞，看到兵部侍郎卢绚策马扬鞭经过，不禁赞叹道："卢绚风度翩翩，仪态俊朗，真是个良才啊！"

李林甫担心卢绚被重用，就找到卢绚的儿子，假惺惺地说："不好了，不好了。皇帝想派你父亲去岭南，治理交州和广州。这岭南啊，自古就是山高路远、烟瘴横行的蛮荒之地，去的多为被贬斥的人。令尊要是去了，那多掉价呀！依我看，我奏请皇帝派他去东都洛阳当个太子詹事，又清闲又显贵，不比发配到岭南强多了？"卢绚不知是计，乖乖听从了李林甫的安排，被他稀里糊涂地调离了中央，还贬了官。

这种两面三刀的伎俩，李林甫真是信手拈来、屡试不爽。

唐玄宗有左右两个丞相，一个是右丞相李林甫，另一个是左丞相李适之。李林甫八面玲珑，诡计多端，心里算盘打得很精。李适之却恰恰相反，粗枝大叶，简单直率，没那么多小九九。在两人争权夺利的交锋中，李适之就像只笨老虎，屡屡中圈套，被李林甫这只老狐狸耍得团团转。

有一次，李林甫故作神秘地对李适之说："兄弟，告诉你个天大的秘密。华山底下勘测出金矿了，听说有好大一片呢，几百年都开采不完。如果能把金子都挖出来，那咱们大唐可就天下无敌啦。这事啊，皇帝还不知道呢。"

脑子一根筋的李适之没多想，第二天上朝时，就把开挖华山金矿的建议上奏给唐玄宗。唐玄宗询问李林甫的意见，李林甫却改口说："这件事臣早就有所耳闻，可华山是陛下的本命，是王气凝聚的地方，绝不能随便开采，所以臣一直没有提及此事。"

唐玄宗气得吹胡子瞪眼睛："李适之啊李适之，你脑子进水了吗，考虑事情为何如此轻率？如果破坏了王气，你负得了责吗？以后你奏事，要先和李林甫商量商量，不要自作主张！"这件事情以后，皇帝就渐渐疏远了李适之，后来还撤了他的职。

你竟敢破坏王气

华山是陛下的本命不能开采

李林甫当丞相时，打压异己，惑乱朝纲，引发了一连串事故，把唐朝带到了衰败的阴沟里。后来，人们认清了这只老狐狸的真面目，就用"口蜜腹剑"来形容他当面一套、背后一套的阴险做派。

头脑风暴

小朋友，故事讲完了，我们来做个头脑风暴吧——玩弄权术的丞相，怎么反被权术玩弄了？

爬得越高，摔得越惨，用这句话来形容李林甫最合适不过了。

李林甫有个死敌叫杨国忠，比他更阴险、更毒辣。靠着玩弄权术上位的他，病死后被杨国忠扣上谋反的帽子，削去官爵，抄没家产，子孙被流放，党羽被贬谪。而曾经对他百般宠信的唐玄宗，还让人劈开他的棺椁，剥去紫金朝服，挖出口含宝珠，改用了个小棺材收殓尸身，像平民一样草草葬了。

这个将权术玩弄到炉火纯青的丞相，死后却反被权术所玩弄，是不是特别讽刺啊？

盲人摸象

好端端的大象，怎么变成了四不像？

成语 盲人摸象

含义 比喻看问题总是以点代面、以偏概全。

智慧热身

上边草，下边草，

中间藏颗黑葡萄，

白天开门忙工作，

夜晚关门就睡觉。

小朋友，这是一个有趣的谜语。谜底是什么，你猜到了吗？

对，就是端端正正地长在眉毛下边的眼睛。眼睛可重要了，缺了它们，主人就什么都看不见了。

人人都想要一双雪亮的眼睛，帮助自己拨开迷雾，看清真实的世界。可究竟怎么做，才能心明眼亮呢？

成语故事

从前有一个遥远又古老的国度，就在神秘的东方。那里人口不多，地方不大，却出了桩大事情，让国王伤透了脑筋。

什么事这么棘手呀？

原来，那里的臣民被害人的旁门左道所迷惑，一个个变得眼眸浑浊，心智不清，连最基本的是非曲直都分辨不出来了。

"要是再这样下去，国家就乱套了。怎么做，才能让子民们迷途知返呢？"国王绞尽脑汁想啊想，想啊想，终于想出个聪明的主意。

他吩咐大臣："去，把城里所有天生的盲人都带到这里来。"

大臣不敢怠慢，挨家挨户地寻找，东奔西走地打听，不几天就找到八个天生眼盲的人，将他们带回了王宫。

国王又吩咐："去，从我的珍奇苑中牵一头象，再把所有的臣民都召唤来。"

在这个国度，象是神圣的动物，受到人的敬畏和朝拜。国王的珍奇苑中饲养了好多头健壮的象。大臣挑选了一头又高又大的成年灰象，牵着它缓缓走上殿堂。臣民们把王宫围了个水泄不通，他们好奇地谈论着，都想知道国王的葫芦里卖的是什么药。

"你们见过象吗？"国王威严地发问。

"我们从小眼睛就失明了，从没见过象。"盲人们齐声回答。

"你们跟前就站着一头象，去摸一摸吧。"国王下达命令。

盲人们伸出双手，小心翼翼地在象身上摸索着，有的摸着了象牙，有的摸着了象耳朵，有的摸着了象脑袋……第一次摸象的盲人们兴奋极了："果真是难得一见的珍奇异兽，这下咱们可大开眼界啦。"

"好，现在你们能告诉我，象长的是什么模样吗？"国王追问。

摸到象牙的盲人抢先回答："象很光，像根上粗下细的大萝卜。"

摸到象耳朵的盲人摇摇头："象很扁，像只筛米除糠的大簸箕。"

摸到象脑袋的盲人比画着："象硬邦邦的，像根大大的石头。"

摸到象鼻子的盲人摆摆手："象长溜溜的，像根捶衣的木棒。"

摸到象脚的盲人想了半天："嗯嗯，象又矮又圆，像倒扣的舂米臼。"

摸到象脊背的盲人很开心："哈哈，象又宽又软，像舒服的大睡床。"

摸到象肚子的盲人忙插话："不就是个装酒坛子吗，大腹便便的。"

摸到象尾巴的盲人急得跳起来："错了错了，象是又细又长的，和捆柴火的草绳子一个样。"

盲人们各执一词，你一句我一句争论个不休，谁都不肯服谁。

国王见状哈哈大笑："别吵了，别吵了，你们说得都不对。谁都没摸到象的全身，只凭摸到的一小块，就自以为看到了象的全貌，这是多么狭窄又片面啊。象究竟长的什么样？让我来告诉你们——把你们八个人摸到的组合在一起，就是一头完整的大象啦。"

接着，国王意味深长地对围观者说："盲人摸象，因为视力所限才有了如此片面的认识，倒也情有可原。如今，你们一个个被旁门左道所迷惑，偏离了光明的正道，眼不明，心不亮，这和摸象的盲人又有什么区别呢？"

臣民们这才恍然大悟，明白了国王训诫的一番苦心。打这以后，他们擦亮了双眼，再也不犯糊涂，轻信害人的歪理邪说了。这个遥远而古老的国度，又变得人人明理，秩序井然，恢复了往日的太平与安宁。

头脑风暴

小朋友，故事讲完了，我们来做个头脑风暴吧——好端端的大象，怎么变成了四不像？

有个人不知豹子是何物，就拿了根空竹管，透过细小的管孔远远观察。他看到一块小小的黑色斑纹，以为这就是豹子，便得意扬扬四处炫耀："豹子没啥了不起的，就是长着个斑纹罢了，不用害怕，不用害怕。"

有只青蛙常年蹲在干涸的水井底下，从没到过地面。朋友劝它跳出水井，看看天宽地阔的新世界，青蛙却不屑一顾："天，就是井口这么大。地，就是井底这么大。我呀，头顶天，脚踩地，也成了世间第一大。"

小朋友，你瞧，这管中窥豹的人和井底下的青蛙，是不是和摸象的盲人一样，只看见了一小部分，就自以为看到了全部呢？

他们的知识和眼界本来就狭窄，又犯了片面的错误，没弄清全部状况就轻易下结论，才会被人们拿来当笑话、敲警钟啊。

怒发冲冠 爱江山，更爱美玉，帝王们为啥迷恋一块石头？

怒发冲冠

爱江山，更爱美玉，帝王们为啥迷恋一块石头？

成语 怒发冲冠

含义 愤怒得头发直竖，连帽子都顶起来了。形容极端愤怒。

智慧热身

小朋友，中国历史上有段佳话叫"将相和"，你听过吗？

这将啊，说的是赵国名将廉颇。这相啊，说的是赵国上卿蔺相如。

廉颇南征北战，功勋卓越，对蔺相如很不服气："他出身卑微，动动嘴皮子就从门客升为上卿，官位比我还高！"蔺相如从不计较，对廉颇处处承让，和睦相待。深受感动的廉颇背着荆条去请罪，两人成了刎颈之交。

其实，蔺相如官至上卿，绝不仅靠嘴皮子。他很有外交才能，两次为赵国抵住了秦国的阴谋呢。

他是怎么做的呢？

成语故事

中国古代有一块稀世美玉，名叫和氏璧。和氏璧采自荆山，曾是楚国的镇国宝器，后来流转到了赵惠文王手里。

秦昭王觊觎和氏璧，想用秦国十五座城池换取它。赵王听说后左右为难：不给吧，怕惹怒了强大的秦国，发兵来讨。给吧，怕上了秦国的当，得不到十五座城池。秦国是出了名的贪婪，总爱背弃盟约，说话不算话。

举棋不定的赵王叫来蔺相如。当时的他虽是个小门客，却有勇有谋。

赵王问："秦王想用十五座城池换我的和氏璧，给不给？"

蔺相如回答："秦国强大，赵国弱小，不给可不行。"

赵王又问："要是他拿了璧却赖账，怎么办？"

蔺相如回答："秦国以城求璧，赵国不给，错在赵国。赵国交出璧，秦国不给城，错在秦国。权衡这两种策略，宁愿赵国不要璧，也得让秦国担负背信弃义的坏名声。"

赵王问："我想找个人护送和氏璧去秦国，派谁好呢？"

蔺相如回答："臣愿意出使。请国君放心，十五座秦城划给赵国，我就把璧留在那儿。要是得不到秦城，我就把璧完好无损地带回来。"

蔺相如走了好几天，来到秦国。秦王很傲慢，没准备像样的礼节，仅仅在离宫中接见了他。

秦王捧着和氏璧赏玩了半天，又随手递给宠妃和侍从欣赏，众人嘻嘻哈哈地你摸一下、我摸一下，全然不顾它作为国家宝器的尊贵。

看出秦王没有以城换璧的诚意，蔺相如灵机一动："大王，这璧虽好，但还有些瑕疵，请让我指给您看。"秦王没想到，就把璧拿给蔺相如，让他指出来。

拿回璧的一瞬间，蔺相如赶紧退到柱子边，双眼怒睁，头发直竖，连帽子都顶起来了。

他厉声说："赵王欲与秦国修好，才斋戒五天，诚心献璧，可我发现大王您根本不想用城池来交换，就把璧拿回来了。您可别逼我，要是被逼急了，我就连头带璧一同撞碎在这柱子上，到时候您就什么都得不到了。"说着，他两眼盯着柱子，就要撞上去。

"别别别，凡事好商量。"秦王怕璧碎了，胡乱拿出地图比画起来，"从这儿到这儿，十五座城池都给你，行不行？"

蔺相如一看，这十五座城池和赵国并不接壤，赵国根本没法管理，就知道秦王又骗人呢。他想了个缓兵之计："和氏璧是天下公认的珍宝。请大王像赵王一样斋戒五日，在大殿上设九宾之礼，我才敢把璧献给您。"

秦王总不能强夺，为了骗得宝贝，只好先按他说的做。趁此机会，蔺相如让随从打扮成乡间野夫的样子，怀揣和氏璧，偷偷抄近路回到赵国。

五天后，秦王来要和氏璧，才发现早没影了。他非常生气，又不想因为一块璧破坏秦赵两国关系，只好依照礼节将蔺相如送走了。

蔺相如不辱使命，出色地完成了这次艰巨的外交任务，被封为上大夫。后来又因在渑池之会中立了大功，被拜为上卿，完成了人生的三级跳。

头脑风暴

小朋友，故事讲完了，我们来做个头脑风暴吧——爱江山，更爱美玉，帝王们为啥迷恋一块石头？

玉是一种极为珍贵的矿石，埋藏在人迹罕至的深山野岭，很难寻找。古时候，挖掘工具和交通运输都不发达，采集玉石、运送玉石的工作既艰难又危险，好多工匠都死在了采玉、运玉的路上。

在古人眼中，辛辛苦苦采来的玉，可不单单是块精美的石头。很长一段时间里，玉是王室贵族的专属品，平民百姓不能私自使用。玉被做成各种形制的礼器和佩器，王公贵族的等级不同，用的礼器佩器也不同，瞎用是要被砍头的。

就这样，玉成了权力和等级的象征，作为高高在上的一国之君，自然就对这块宝贝石头爱不释手啦。

三寸之舌

不输刀枪剑戟，软舌头竟能抵过百万兵？

成语　三寸之舌

含义　比喻能说会辩的口才，形容人善于辩论，据理力争。

智慧热身

舌头和刀剑，哪个更厉害呢？

有的小朋友说，当然是寒光凛凛的刀剑了。刀剑是金属制成的兵器，又坚固又锋利，古代战场厮杀全靠它们呢。

有的小朋友说，别看舌头软软的，很柔弱，有时候，它可抵得过身披甲胄、手持利器的百万雄师呢。

第一种说法符合常理，第二种说法也有历史依据。你要是不信就来问问那个叫毛遂的人吧。

成语故事

战国时，赵国的平原君礼贤下士，广招门客，家里住了几千人。因为喜爱养士，他和齐国孟尝君、魏国信陵君、楚国春申君并称为"战国四公子"。

有一年，秦国率大军东进，围困了赵国都城邯郸。没多久，邯郸就沦为孤岛，城内弹尽粮绝，人心溃散，眼看就快要抵挡不住了。千钧一发之际，赵王派平原君组建使者团，紧急去楚国搬救兵。

平原君对着门客们宣布："养兵千日，用兵一时，你们崭露头角的机会来了。邯郸被困，赵国危在旦夕，我要挑选二十个文武兼备的勇士，一起去楚国缔结抗秦盟约。"

平原君挑来挑去，只选到十九个满意的，还剩一个怎么都选不出来。一个毫不起眼的门客走上前，自己推荐自己："我叫毛遂，请让我一同前往吧。"

平原君问："先生在我门下待多久了？"

毛遂回答："三年了。"

平原君摇摇头："铁锥放进布袋，锥头立刻穿透袋子，露出尖来。贤能的人也像铁锥一样，到哪儿都能立刻施展才华。先生在我门下三年却没什么业绩，应该是才能不够，还是别去了。"

这要是换成别人早就羞得钻进地缝了，然而内心坚定强大的毛遂却没放弃："今天，我请求您将我放进布袋，给我个机会，我可不光能露出锥子尖呢。"

"毛遂虽相貌平平，倒也能说会道，有股子闯劲儿，就带上他吧。"平原君点点头。十九个门客瞧不上毛遂，都挤眉弄眼地偷偷讥笑他。

出使途中，毛遂和大家议论救国策略，说得有理有据，头头是道，令十九个门客心生佩服，不敢看扁他了。

来到楚国，平原君一大早拉着楚王商讨合纵之事，可口水都耗干了，楚王就是不松口。到了中午，谈判陷入焦灼，进展不下去了。

"先生，您有什么高招，上去说说啊？"十九个门客将毛遂推上前。

楚王见毛遂身份卑微，呵斥着轰他走。说时迟那时快，毛遂一个箭步逼近楚王，手按宝剑厉声说："您离我不过十步，生死

全由这剑说了算。商汤仅凭七十里土地就得到天下，文王仅凭百里土地就称霸诸侯，而楚国坐拥五千里江山，兵强马壮，正是称霸的大好时机啊。秦国的毛头小子白起，领着几万兵马就敢侵犯楚国。一战攻破楚国都城，二战焚毁楚王坟墓，三战侮辱楚国祖先。如此深仇大恨，连赵国都感到悲哀，您怎么一点也不羞愧呢？这次抗秦，楚国能一雪前耻，才是最大的赢家啊。"

这架势，这口才，可把楚王震慑住了："是是是，好好好，对对对，我愿意出兵，愿意出兵。"

楚王杀了牲畜，在朝堂上与平原君歃血为盟，将联合抗秦的大计定了下来。

平原君钦佩毛遂的勇气和智慧，感慨道："我总爱凭外表招揽门客，自以为看人不走眼，却遗漏了毛先生这块美玉。毛先生一到楚国，令赵国的地位比九鼎和大吕还重要啊。毛先生仅凭三寸不烂之舌就促成大事，比百万雄师还厉害啊。"

从此，平原君将毛遂敬为上等宾客，再也不敢以貌取人了。

头脑风暴

小朋友，故事讲完了，我们来做个头脑风暴吧——不输刀枪剑戟，软舌头竟能抵过百万兵？

一个人能言善辩，就会被夸赞有个三寸不烂的金舌头。毛遂凭借三寸之舌拉来了救兵，还有个人也靠三寸之舌劝退了敌军。

春秋时，晋国联合秦国攻打郑国，郑国的烛之武被派去劝秦王撤兵。他是怎么劝的呢？

他说："秦国在大西边，晋国在中间，郑国在东边。灭了郑国，对秦国并无直接好处，反而增强了晋国实力。晋国贪得无厌，不满足于东扩，还想西扩。到时候，不就得和秦国争夺土地了？如果能保存郑国，以后秦国使臣路过，郑国还能提供食宿和给养上的方便呢。"

秦王被说服，不想打了。晋国失去盟友，也无奈退了兵。和毛遂一样，烛之武巧妙利用秦晋间的矛盾，不费郑国一兵一卒，就化解了国家危机。

弹冠相庆

一代霸主，怎么就活活饿死了？

成语 弹冠相庆

含义 一个人做了官或升了官，他的同伙将得到援引，也会有
官可做，就互相祝贺。也用来形容坏人得意，是个贬义词。

智慧热身

小朋友，你知道吗，在自然界中，很多动物都有天敌。

比如，贼溜溜的老鼠和滑溜溜的蛇就是一对冤家，蛇最爱吃
老鼠了。可是，如果哪天蛇不再捕捉老鼠，而是和老鼠同吃同住，
混在一起，那就糟糕了。这就叫蛇鼠一窝，它们可能正合谋着搞
破坏呢。

在中国古代，有些臭味相投的人就像这蛇鼠一样，沆瀣一气，
勾结在一块干坏事，真是令人胆战心惊啊。

成语故事

在群雄逐鹿的春秋时期，先后崛起过五位霸主，第一个叫小白，也就是大名鼎鼎的齐桓公。

虽然叫小白，可齐桓公绝不是政坛菜鸟。作为齐国的国君，他重用有才能的大臣管仲和鲍叔牙，带领百姓开矿、种地、捕鱼、晒盐，国力越来越强盛。他也很有外交手腕，对别的诸侯国该讨伐的讨伐，该帮衬的帮衬，该结盟交好的结盟交好，就连周天子都对他礼敬三分，想借借他的力量。就这样，齐国的威望与日俱增，最终成为号令各路诸侯的大盟主。

可这样一位风云人物，为什么最后却被活活饿死了？唉，都是易牙、竖刁、卫开方这三个大坏蛋捣的鬼啊！

易牙是个狠心的御厨。一次，齐桓公对易牙开玩笑说："这世间还有什么珍馐美味呢？天上飞的、地下跑的、水里游的，就算是龙肝豹胆、金精玉液，寡人都尝遍了。唯独啊，还不知道人肉的滋味。"

"这正是个讨大王欢心的好机会啊，我可千万不能错过。"易牙回到家，看到蹦蹦跳跳的小儿子，心中顿时起了邪念。他害死自己的亲儿子，把肉献给了齐桓公。

竖刁是个阴险的宦官。当初，他主动把自己变成宦官，就是想阿谀奉承齐桓公，过上锦衣玉食的奢靡生活。

卫开方也好不到哪儿去。他是个投机的卫国贵族，背弃自己的国家，像哈巴狗一样追随在齐桓公身边表忠心，十几年不回家探望亲人，就连父母过世也不去奔丧，为的就是能在齐国谋取更大的利益。

这三个人表面上忠厚老实，骨子里却全是坏水。为了窃取名利而煞费苦心，耍尽了卑鄙的手段。

有一天，老相国管仲病危，齐桓公前去探望："满朝文武，谁能继任相国的职位呢？易牙怎么样？竖刁行不行？卫开方呢？"

管仲语重心长地说："虎毒不食子，可易牙连自己的亲生骨肉都忍心杀害，还有什么坏事干不出呢？竖刁残毁身体，连自己的身体都不爱惜，又怎么能爱护别人呢？卫开方背弃母国和亲人，又如何会对您忠心耿耿呢？这三个都是狡猾而冷血的人，请您一定要离他们远远的啊。"

可齐桓公真是老糊涂了，把肺腑的忠告当作耳旁风，照样重用了他们，也为自己悲惨的结局埋下了一颗定时炸弹。

"这下可好了，没有管仲这老家伙挡道，咱们就能飞黄腾达、为所欲为了。哈哈哈！"易牙、竖刁和卫开方凑到一起，拿出官帽，弹去上面蒙着的灰尘，肆无忌惮地冷笑着。

不久，三个恃宠而骄的大坏蛋就开始作乱。他们把生病的齐桓公囚禁在小黑屋里，又在外面垒起一段高墙，不准他出去，更不准任何人进来。到后来，甚至连饭食和水都不送了。

齐桓公是要吃的没吃的，要喝的没喝的，就这样被活活饿死了。临死前，他用衣袖捂着脸说："我没听从管仲的劝告，轻信奸臣才落得如此下场，真是没脸去见九泉之下的老相国啊！"

　　高墙内，齐桓公尸骨未寒；高墙外，儿子们为争夺王位打成了一团，谁也无暇安葬老父亲。齐桓公的尸首在床上停了六十七天，直到蛆虫满地，尸臭熏天才被收殓。

　　唉，一代春秋霸主竟以这样悲惨的方式离开人间，真是令人感慨啊！

头脑风暴

　　小朋友，故事讲完了，我们来做个头脑风暴吧——一代霸主，怎么就活活饿死了？

劣币驱逐良币，是经济学中一个著名的定律。套用在皇帝任用大臣这件事上，如果用人不当，就可能造成小人驱逐良才。

　　小人道德败坏，为了获取权力和地位，什么阴险勾当都干得出来。如果朝堂上小人越来越多，良才被排挤得越来越少，朝纲就会萎靡不振，而君主也会被小人玩弄于股掌之间，连性命都岌岌可危啊。

笑里藏刀

用不好叫笑面老虎，用得好叫三十六计？

成语 笑里藏刀

含义 形容一个人外表和气，内心却阴险毒辣。

智慧热身

小朋友，你爱笑吗？

笑是人类一种美好的表情。一般来说，笑容都是真诚的，自然的，洋溢着快乐和温暖的。

可也有些笑，一点都不美好——凶恶的笑，叫狞笑；讨好的笑，叫媚笑；讥讽的笑，叫嘲笑；悲哀的笑，叫苦笑。

还有种笑更可怕——外表和颜悦色、眼含笑意，内心却像老虎一样凶狠，这样的人，真是只笑面老虎啊。

真老虎尖牙利爪，血盆大口，一张嘴就能吃掉人。笑面老虎整天一副笑嘻嘻的和善模样，难道就不会吃人了吗？

成语故事

唐朝有两个丞相，都是外表一团和气、内心阴险无比的笑面老虎。一个是唐玄宗时"口蜜腹剑"的李林甫，一个是唐高宗时"笑里藏刀"的李义府。

李义府的祖父当过小小的县丞。虽然出身不算高贵，李义府却凭借能写会道，被举荐做了官。他从门下省典仪开始，一路扶摇直上，爬到丞相的显赫位置。

李义府为什么这样受宠呢？原来啊，他很会察言观色，讨皇帝欢心。

朝廷重臣长孙无忌不喜欢李义府，就上书唐高宗，想将他贬为壁州司马。李义府听到风声，急忙谋划对策。

当时，唐高宗想废掉结发妻子王皇后，改立宠妃武昭仪为后。在古代，废黜皇后可是件国家大事，绝非一纸休书那么简单。皇后没犯大错，没有废黜的理由。所以，高宗迟迟不敢提出此事，怕遭到满朝文武的反对。

李义府猜透了高宗的心思，赶紧上书一封说："陛下，废黜王皇后，改立武昭仪，这是众望所归、人心所向的大好事啊。"

高宗十分高兴，不仅没贬李义府的官，还赏给他许多财宝，令他转祸为福。

混迹官场的李义府，不仅会拍马屁，还会"变脸"的戏法呢。

表面上，他装出一副随和恭敬、面带微笑的老好人模样。实际上，他的气量比针鼻儿还小，头脑比狐狸还狡诈，心肠比豺狼还凶狠。谁触犯了他，谁对他不利，他就朝谁放冷箭。人们恨他笑里藏刀，给他起绰号叫"人猫"。

洛阳女子淳于氏犯了罪，关押在大理寺监狱。李义府听说她长得美，想纳为姜室，便指使大理寺官员毕正义在卷宗上做手脚，准备将她释放。不料事情败露，毕正义被抓进大牢，专案彻查。李义府担心他供出自己，就逼着毕正义在狱中自杀了。

靠着玩弄手段，李义府的权势越来越大，气焰越来越盛。他卖官鬻爵，大收不义之财；他结党营私，笼络不少跟屁虫；他肆意乱法，搞得朝廷乌烟瘴气。对于这些勾当，唐高宗早有耳闻，只是睁一只眼闭一只眼，不愿追究罢了。

一次，高宗告诫李义府："你的儿子、女婿做了不少违法勾当，有人告状，我都替你掩饰过去了。你要对他们多多管教才是。"

李义府脸色大变，生气地问："是谁告诉陛下的？"

高宗说："你知道就行了，不要问我是从哪儿听说的。"

李义府转身就走，连句谢罪的话都没说，惹得高宗很不高兴。他不听规劝，照样买卖官位，被人告发。高宗不想继续姑息纵容，便将他和儿子、女婿流放到遥远的蛮荒之地，永远不准回来。

"这个大奸臣，再也不能为非作歹、兴风作浪喽。"李义府被治罪的消息一传出，满朝文武都拍手称快。

头脑风暴

小朋友，故事讲完了，我们来做个头脑风暴吧——笑里藏刀，用不好叫笑面老虎，用得好叫三十六计？

待人接物时笑里藏刀，必定遭到人们唾弃。可要在战争中运用好笑里藏刀的计谋，能助军队一臂之力呢。

中国古代有三十六个兵法策略，称为"三十六计"，笑里藏刀便是其中一计。它的意思是：表面上顺服友好，让对方打消疑虑，松懈防备，暗地里积极谋划，伺机行动，克敌制胜。

好奇的小朋友问了：三十六计还有哪些呀？

有瞒天过海、围魏救赵、借刀杀人、以逸待劳；有趁火打劫、声东击西、无中生有、暗度陈仓；有隔岸观火、欲擒故纵、李代桃僵、顺手牵羊；有美人计、空城计、反间计、苦肉计……实在打不过敌人，还有最后一招——走为上计。

三十六计是中国古代兵家的不二法宝。古人将它们巧妙运用于军事战争，打了不少胜仗呢。

信口雌黄

没有橡皮的年代，写错了字，古人怎么擦？

成语 信口雌黄

含义 比喻不顾事实，随口乱说。

智慧热身

小朋友，中国有句俗语叫"一言既出，驷马难追"，你知道是什么意思吗？

它的字面意思是：一句话说出口，四匹马拉的车也追不上。四匹壮马并驾齐驱，一定跑得很快，为什么还追不上？原来啊，它是想告诫人们：说话一定要算数，说出口的话，绝不能无故反悔，随便收回来。

言而有信，一诺千金，这是中国古人赞赏的品德。如果一个人连自己说出的话都无法负责，那么，他的人品也一定是靠不住的吧？

成语故事

西晋时有个叫王衍的人，他出身名门望族，十几岁便出落成一个美如冠玉、气质文雅的翩翩少年。

王衍去拜访大文学家山涛。等他走后，山涛感慨地说："不知是哪位妇人，竟生出这样俊美的儿子。可日后耽误天下人的，恐怕也是他呀。"

真是一语成谶！这句话，在几十年后，果真应验了。

和其他士族子弟一样，王衍长大后也入朝为官，步步高升，做到了尚书令的高位。可身居要职的他，只求一生安安稳稳，无病无灾，并不愿花心思在国事上。

当时，士族阶层兴起一股"清谈之风"。谁也不谈论时政，只热衷于谈论《老子》《庄子》《易经》这些高深莫测的玄学。

这倒是很符合王衍"莫问国事"的个性。他能言善辩，出口成章，很快就成为风潮领袖，一言一行、一举一动都被人推崇和效仿。

每当聚众谈论，王衍就穿起宽大袍服，手持玉柄拂尘，把自己打扮得仙风道骨。他为人清高，讲的也都是些虚浮玄妙的东西，即使说错了，也能不慌不忙随口更改，因此落下个"口中雌黄"的名声。

雌黄是一种黄色的矿物。古时候，人们用毛笔蘸墨在黄纸上写字，写错了，就用雌黄往错字上涂一涂，遮盖掉。王衍随意更改自己说的话，就像用雌黄涂错字一样，简单省事。

王衍不仅说话不算数，做事也经常不算数。

司马遹贵为太子时，王衍想当皇亲国戚，就把女儿嫁给他。后来，司马遹遭皇后贾南风诬陷，王衍怕牵连自己，竟上书让女儿和太子离婚。瞧瞧，他多怕事啊！

的确，王衍这个人，虽然身居要职，却没什么责任和担当，遇到难题，第一个想到的就是如何自保。

当时，西晋皇族间为了争夺权力，爆发了一场血雨腥风的内乱。王衍寻思："狡兔还有三窟呢，如今朝廷内讧，我得让自己多几个避难所。"

于是，他派弟弟王澄当荆州刺史，王敦当青州刺史。

王衍说："荆州有长江、汉水做屏障，青州背靠大海，都是地势险要的军事重镇。你二人守在那里，我留在京师，万一出了大乱子，咱们就有三个可以容身的洞穴了。"

不幸的是，这个想在乱世中苟且偷生的胆小鬼，最后却没能善终。

在一次和羯族起义首领石勒的交战中，西晋军队惨败，王衍被俘虏。为了活命，他竟劝石勒说："西晋内乱，您何不趁此机会自立为帝？"

石勒大怒："你对自家朝廷都不忠心，又怎会对别人忠心？正因为有了像你这样不作为的庸臣奸臣，世间才不太平呢。"石勒觉得此人绝不可用，就命令士兵半夜推倒土墙，压死了他。

临死前，王衍如梦初醒，流下悔恨的泪水："唉，都是崇尚虚浮惹的祸。要是我肯踏踏实实做些治国理政的实事，也不至于沦落到今天的惨境啊。"

头脑风暴

小朋友，故事讲完了，我们来做个头脑风暴吧——没有橡皮的年代，写错了字，古人怎么擦？

很久很久以前，纸张还没有出现，人们都把字写在竹片和木头上，要是写错了，就用小刀刮掉后重新写。读书人常常随身携带刀和笔，方便写作和修改。所以，古代经常管文职官员叫"刀笔吏"。

东汉蔡伦改进造纸术后，人们就可以用毛笔蘸墨，在纸上写字了。要是写错了，就用块雌黄往错字上涂一涂、抹一抹，遮住它。

现在，我们用橡皮擦错字。橡皮由橡胶制成，有点软，有点黏，朝纸面上滚几下，就能擦去铅笔的痕迹，非常方便。

当然，橡皮只能擦铅笔字，因为铅笔的石墨附着在纸张表面，不会渗下去。要是用墨水笔或圆珠笔写字，油墨渗透到纸里，橡皮就擦不掉啦。

掩耳盗铃

笨贼偷的青铜钟，为何价值连城？

成语 掩耳盗铃

含义 原为掩耳盗钟，意为捂住耳朵偷铃铛，以为自己听不见，别人也会听不见。比喻自己欺骗自己，明明掩盖不了的事偏要设法掩盖。

智慧热身

小朋友，你知道声音是怎么来的吗？

蜜蜂"嗡嗡嗡"的飞舞声，那是它的翅膀在振动。歌唱家美妙的歌声，那是人的声带在振动。钢琴叮叮咚咚的演奏声，那是琴里的钢丝弦在振动。

没错，声音是由振动产生的。

敲钟也一样。钟锤撞钟引发振动，就会发出洪亮的钟声。在唐诗《枫桥夜泊》中，客船里的诗人听到悠远的钟声，心中荡起缕缕轻愁。从寒山寺到枫桥，这钟声，真是传得很远呢。

可有个笨贼说啊，他能撞钟，却不让钟发出响声。这样不合常理的事情，你相信吗？

成语故事

春秋时期，晋国有六个权势很大的家族——中行氏、范氏、智氏、韩氏、魏氏和赵氏。他们明争暗斗，互相倾轧，后来，范氏在这场权力角逐中落败，被赶出了晋国。

仓促逃亡的范氏族人，来不及仔细收拾行囊，只能将很多辛苦攒下的奇珍异宝丢弃在豪华的宅邸中。昔日，这里车水马龙，门庭若市，汇集了各路有头有脸的大人物。如今却门户洞开，遍地狼藉，偶尔闪出几个鬼鬼祟祟的影子，都是些趁火打劫的窃贼。

一个笨贼蹑手蹑脚地溜进去，想找找还有没有值钱的东西。可惜他下手有点晚，贵重的东西早就被偷光了。

"哼，贼不走空，我可不能空手离开，一定得顺点什么。"笨贼四下环顾，看到院子里吊着一口大钟，不由得眉开眼笑，"嗨，我真是走运，捞到一个大宝贝。卖掉它，能换不少钱呢。"

笨贼看中的这口钟确实不一般。它用上等青铜铸造，形态精美，还雕刻着漂亮的纹饰。这么高档的物件，在那个时候，也只有奢华的贵族才配得上、用得起。

问题来了：这么大的一口钟，怎么才能顺利搬走呢？

笨贼解下钟，先尝试着背了背，大钟坚如磐石，纹丝不动。笨贼又拿出随身带的榔头，想把钟砸成碎片，一块一块地运走。

咣——一榔头下去，大钟发出洪亮浑厚的声响。笨贼的耳膜都快震破了，他吓得赶紧捂上耳朵："哎呀，这钟声太大了。要是让别人听见，发现我在偷钟，那就糟糕了。"

到手的鸭子，可不能让它轻易飞了。笨贼绕着大钟转了一圈又一圈，有了主意："刚才我捂上耳朵，钟声就变小了。捂得越紧，钟声越小，最后就听不见了。要是把耳朵堵上再砸钟，不就不会有声音了吗？哈哈，就这么干，我真是聪明绝顶啊。"

笨贼找来两块破布，团成布团子，把耳朵堵得严严实实。他得意扬扬地抡起榔头，用尽全身力气朝大钟砸去。

咣——榔头碰到大钟的瞬间，震耳欲聋的钟声向四面八方传去。街坊四邻听到钟声，都跑了过来。

　　院子里，一个耳朵堵着破布的笨贼，正对着大钟一榔头一榔头砸得起劲呢。他听不到洪亮的钟声，更听不到人们"捉贼啊！捉贼啊"的叫喊声。直到被五花大绑活活捉住，笨贼还一头雾水呢："你们是怎么找过来的？不是堵上耳朵，就不会有钟声了吗？"

　　这个愚蠢的问题，让所有的人又气又笑："你这个笨贼，捂住耳朵偷钟，以为自己听不见，别人也听不见呀？真是掩耳盗钟，自己骗自己啊。"

头脑风暴

　　小朋友，故事讲完了，我们来做个头脑风暴吧——笨贼偷的青铜钟，为何价值连城？

　　故事里说了，笨贼偷的是晋国贵族范氏家里的一口青铜钟。当时的社会等级森严，不同阶层的人，吃穿用度都不一样。有些东西只属于王公贵族，普通人哪怕再有钱也不能随便用，比如钟。

　　商周时期，青铜冶炼技术逐渐发达，出现了很多青铜钟。不过，最早的钟不是用来报时或召集众人的，而是一种打击乐器。人们按照音调高低把大大小小的青铜钟挂在钟架上，用槌敲打，演奏出美妙的音乐，这就是编钟。

　　钟也是一种礼器，人们在祭祀、朝觐、宴饮等重要场合都会搬出它。据说，商周贵族很讲究用餐礼制，既要有钟乐伴奏，又要根据用餐者的身份配置不同数量的鼎来盛放食物，真是钟鸣鼎食的大排场啊。

　　既然是上层社会的专属品，钟自然也跟着身价倍涨，成为权力和地位的象征。

一叶障目

生活少不了钱，钱是怎么来的?

成语 一叶障目

含义 用一片叶子挡在眼前，就看不到外面的广阔世界。比喻被局部或暂时的现象所迷惑，不能认清事物的全貌或事物的本质。

智慧热身

小朋友，你见过螳螂捕蝉吗?

螳螂先模仿花朵和树叶的样子来迷惑猎物，再用胸前的大镰刀钩住猎物，几招下来，蝉就束手就擒了。

有个人自以为学到了螳螂捕蝉的诀窍，也想有所猎获，打起了偷窃的歪主意。但和那些鬼鬼祟祟的盗贼不一样，他可是大摇大摆地顺手牵羊。

难道他……不怕被人抓住吗?

成语故事

　　古代有个穷书生，整天就知道呆头呆脑地读书，不愿意干活。全家上下大大小小五六张嘴，全靠妻子一人织布养活，生活过得捉襟见肘，紧紧巴巴。

　　书生每天最喜欢做的事，就是躺在竹摇椅上，边哼小曲，边读一本叫《淮南子》的书。

　　一日，他读到"螳螂伺蝉自障叶，可以隐形"这句话，突然眼前一亮："啊哈，螳螂用树叶遮挡身体，蝉儿就看不见它了。如果找到这种神奇的树叶，我也能隐身啦。"他跑进小树林，抻着脖子东寻西找起来。

　　还真巧！有只绿色的大螳螂藏在一片桑叶后面，挥舞镰刀，对不远处的一只鸣蝉虎视眈眈。螳螂瞅准机会，猛扑上去，毫无防备的鸣蝉一下子被吞进肚，成了螳螂的腹中餐。

　　"啊哈，这就是传说中的隐身树叶吧。"穷书生吭哧吭哧爬上树，伸手去摘。不料没有抓牢，树叶飘飘悠悠掉落下来。地上原本就有很多落叶，全都混到一起，根本分不清哪片是隐身树叶、哪片是普通树叶。

　　"到底是哪片呢……是这片吗？不像。是那片吗？也不像。"他抓耳挠腮，干脆把落叶全都扫进斗里背回家，足足背了几大斗呢。

"你去哪儿了，一上午都不见人影。"见丈夫这副怪模样，妻子很不高兴。

　　"我去找宝贝了。"穷书生拿起一片树叶挡在眼前，神秘兮兮地问，"你看得见我吗？"

　　"当然看得见啊。"妻子被问得丈二和尚摸不着头脑。

　　"这回呢？"穷书生又拿起一片树叶挡在眼前。

　　"还是看得见啊。"

　　"这回呢？"

　　"你这是怎么了？难道发烧给烧糊涂了？"

　　穷书生把捡来的树叶一片片都快试了个遍。最后，妻子被问烦了，随口哄他："这回看不到了。"

　　"啊哈，我要发大财喽！"穷书生蹦了三尺高，把隐身树叶小心翼翼地揣在怀里，急急忙忙向集市奔去。

发朋友圈炫耀一下
我的宝贝

绸缎

人来人往的集市上店铺林立，酒馆里摆满一坛坛陈年好酒，米店里五谷杂粮样样俱全，油铺里散发出诱人的油香，银店里的首饰闪闪发亮。

穷书生把隐身树叶挡在眼前，走进包子铺，从蒸笼里拿了个热包子。包子铺伙计正忙着和面，没看见包子被拿走。

"啊哈，这隐身树叶果真灵验啊！"他沾沾自喜地啃着包子。

穷书生又走到卖梨的小摊，从竹筐里拿了两个脆梨。卖梨的老农正忙着擦扁担，没看见脆梨被拿走。

"啊哈，这隐身树叶真是个宝贝！"他乐不可支地咬着梨子。

有了前两次成功的尝试，穷书生胆子大起来。他走进一家布店，旁若无人地从货架上抄起一匹贵重的绸缎，没付钱就径直走出大门。

"喂，你怎么偷我的布？站住！"店主大声喊叫。

"有隐身树叶护身，谁都看不见。"穷书生连头都没回。

"捉贼呀！捉贼呀！"愤怒的店主和众人一起把他按倒在地，扭送到县衙。

"威——武——"大堂上，面若冰霜的衙役手持水火棍，正襟危坐的县官老爷"啪"地拍响惊堂木："你为何要偷人家的布？从实招来！"

"我说，我说，就是因为我手里这片隐身树叶啊。"穷书生哪里见过官，吓得面如土色，支支吾吾地交代了原委。

"我断了三十年案子，这么荒唐的事情，还是头一回听到。"

县官老爷哭笑不得，"念你一时糊涂，这次就不治你罪了。回家好好读书，别再轻信那些歪门邪道了。"

穷书生垂头丧气地走出县衙，把隐身树叶狠狠摔在地上，愤愤地说："哼，这倒霉的隐身树叶，对螳螂灵，对人怎么就不灵了呢？"

头脑风暴

小朋友，故事讲完了，我们来做个头脑风暴吧——生活少不了钱，钱是怎么来的？

钱重要吗？

钱当然重要。有了钱，我们就能买吃的、穿的、用的，买所有自己喜欢的东西，更好地生存和生活。

钱又是怎么获得的呢？

中国有句古训叫"君子爱财，取之有道"，意思是说：有德行的人只通过正当的手段获取钱财，那些偷窃、抢劫、行骗来的不义之财是万万不能拿的，不要被贪心蒙蔽了双眼呀。

人们通过工作，付出辛苦的劳动，付出才华和智慧，获得正当的报酬，这才是金钱正确的拥有方式。

余音绕梁

才华横溢的古代歌唱家，歌唱得有多好？

成语 余音绕梁

含义 形容歌声或音乐优美，余音回旋不绝。也比喻诗文意

味深长，耐人寻味。

智慧热身

小朋友，你喜欢唱歌吗？

轻快的曲调会让人愉悦，悲哀的曲调会让人神伤，舒缓的曲调会让人放松，热辣的曲调会让人忍不住摇摆身体，蹦蹦跳跳……歌声可真奇妙啊。

中国古代有不少才华横溢的歌唱家，他们的歌声如天籁般美好，不仅直击人心，世间万物也随之动容。

你想不想也听一听呢？

成语故事

春秋的时候，韩国有一位女子，不仅相貌端庄美丽，还生得一副好嗓子，唱起歌来十分动听。她叫什么名字已无从考证，我们就叫她韩娥吧。

一次，韩娥要去东边的齐国。古代交通工具不发达，人们都不爱出远门，因为路上得走很多天，舟车劳顿，十分辛苦。如果出远门，一定要带够盘缠，也就是路费，因为吃饭住店都少不了花钱呢。

韩娥家中并不富裕，带的盘缠不多，一路上省吃俭用才到了齐国的都城临淄。她肚子很饿，想去集市上买些吃的，一看包袱，却发现钱都用完了。

"没有钱，就得饿肚子，露宿街头。这可怎么办啊？"韩娥急出了眼泪。她走投无路，只好站在城中的雍门下卖唱。

齐国濒临大海，是一个经济富足、生活安定的诸侯国。人们吃穿不愁，还有闲暇和心情来击击筑、弹弹琴、吹吹竽、鼓鼓瑟。

韩娥优雅站定，朱唇轻启，引吭高歌。悠扬婉转的歌声像小鸟一样飞旋，引得行人们纷纷驻足聆听，脸上洋溢出幸福的浅笑。

"啊，这歌声就像山涧的溪水，叮叮咚咚淌进我心里。"

"啊，这歌声就像旷野的清风，吹走了满天的乌云。"

"啊，这歌声就像跃动的浪花，我感受到了大海的蓬勃和生机。"

听众们都被深深打动了，你一个铜板我一个铜板，把钱塞到韩娥的手里。

韩娥的歌声太优美、太动听了，她走后，余音还在栋梁上久久萦绕，三天都没有散去。住在雍门附近的居民，都以为她还在门下唱歌呢。

后来，韩娥投宿到一家客栈。客栈老板是个势利眼，看韩娥穿得不好又没什么钱，就从头到脚将她狠狠嘲讽了一番。

韩娥伤心极了，拖长声音哭泣起来。哭声传得很远，客栈周围一里内的老人和孩子听到了，也都跟着流下眼泪，悲痛得三天吃不下饭。

客栈老板急了，赶紧追回已经离开的韩娥，向她赔礼道歉，又请她唱了首欢快的歌。

歌声传到老人和孩子耳边，他们喜悦得又唱又跳又拍手，所有悲伤顿时烟消云散。大家赞叹韩娥的天籁之声，送给她许多回程的盘缠。

很久很久以后，临淄人回忆起韩娥的歌声，还是一脸陶醉呢。据说，临淄雍门一带的人都擅长唱歌和悲哭，就是仿效了韩娥留下的声音呢。

头脑风暴

小朋友，故事讲完了，我们来做个头脑风暴吧——才华横溢的古代歌唱家，歌唱得有多好？

秦青是个有名的歌唱家，薛谭拜他为师，学习唱歌。学了一阵子，薛谭自以为把师父的本领都学到手了，就告辞回家。秦青在郊外设宴送行，席间，他打着节拍唱了一首悲伤的歌。歌声先震得树木哗哗响，又冲上云霄，挡住飘动的云彩。这时候，薛谭才知道自己还差得远呢，又惊诧又惭愧，再也不提回家的事了。

唐朝的宫廷歌女许和子，是个著名的女高音。有一次，唐玄宗命她唱歌，乐工吹笛伴奏。许和子嗓门很高，为了配合她的高音，乐工鼓起腮帮子使劲吹奏，连笛子都吹裂了。

韩娥的歌声余音绕梁，秦青的歌声响遏行云，许和子的高音连笛子都追不上。小朋友，你说说，他们是不是很棒的歌唱家呀？

　　可在古代，像韩娥、许和子这样的女性歌者，即使拥有一副好嗓子，也只能身处社会下层，生活艰难而窘迫。韩娥连盘缠都凑不够，处处遭人白眼。许和子最后更是饱受战乱之苦，流落民间，病死在船上。

　　她们很有才华，却生不逢时，没能拥有更大的人生舞台，多可惜呀。想象一下，如果有扇神奇的门，能让她们穿越到现代，在金碧辉煌的音乐厅里开一场演唱会，那一定会是座无虚席的盛况吧。

成语游戏

五官争功

小朋友，有个五官争功的笑话，你听过吗？

脑袋得了个大奖杯，长在脑袋上的五官——眉毛、眼睛、鼻子、耳朵和嘴巴都抢着邀功，说自己功劳最大，说着说着还拌起嘴来。

嘴巴说："想当年，秦国围困赵国，平原君的门客动动我这舌头，就拉来了楚国救兵。我最厉害了。"

耳朵说："得了吧嘴巴，你那叫耍嘴皮子，多油滑。我们耳朵兄弟崇尚高雅，伯牙善鼓琴，钟子期善听，二人成为知音之交，全靠我们呢。"

眼睛说："得了吧耳朵，笨贼偷钟，你用布堵上自己就以为听不到钟声，真愚蠢。不像我，多亏我慧眼识珠，让伯乐找到千里马，秦国才能统一天下。"

鼻子说："知道老子、孔子、韩非子这些百家学派创始人吗？我和他们一样伟大。而且，你们能活着，全靠我一呼一吸呢。"

眉毛说："都别吵了，你们都不如我。我只要弯一弯，笑一笑，就能讨主人开心，所以才能高高在上，坐到最尊贵的位置。"

这下，大伙都朝着眉毛开炮了："好几次，你都快被火烧了，还慢腾腾地不赶紧躲，真是让人着急啊。"

瞧，五官邀功，不仅争辩激烈，言辞间还挺有文化。仔细看，它们的对话中竟然藏着十个成语呢。聪明的小朋友，你能找出来吗？

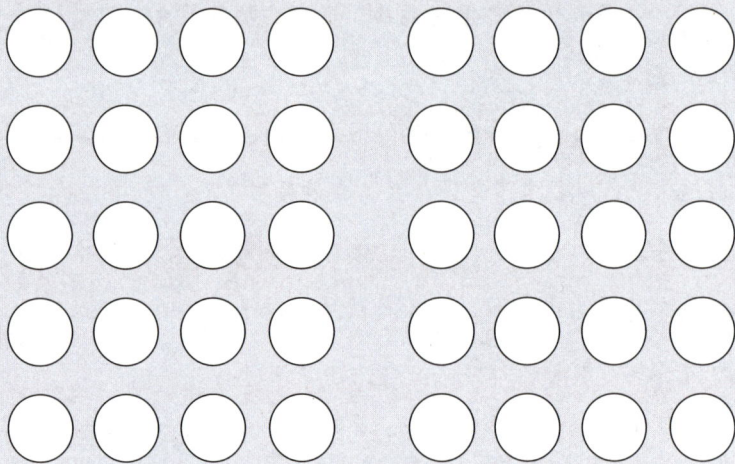

手脚的成语

揠苗助长

先秦时代，谁是讲故事的高手？

成语 揠苗助长

含义 比喻违反事物的发展规律，急于求成，反而坏了事情。

智慧热身

"快点儿起床，怎么磨磨蹭蹭的？"

"快点儿吃饭，怎么磨磨蹭蹭的？"

"快点儿整理书包，怎么磨磨蹭蹭的？"

小朋友，你身边有这样做事慢慢吞吞、拖拖拉拉的"小磨蹭"吗？

"小磨蹭"一点不着急，可把大人们给急坏啦。催个不停不说，最后，他们干脆自己上手，替"小磨蹭"穿衣、喂饭、整理书包。

可是……这样做看似快了，却真的好吗？

小孩有小孩的节奏，大人有大人的节奏。有时候，"小磨蹭"不是真磨蹭，只是遵循着小孩的成长节奏而已——就像下面故事里的那些禾苗，只是遵循着自然的节奏生长而已呀。

成语故事

西周的时候，中原腹地有个小小的诸侯国，名字叫宋国。宋国的历史，和西周的前一个朝代，也就是商朝，有着千丝万缕的联系。

商朝最后一任君主叫纣王，贪婪又残暴，人们恨透了他。武王姬发率大军征讨，兵临城下，走投无路的纣王在鹿台自焚而死。商朝灭亡后，武王把都城搬到镐京，建立了西周。

纣王的哥哥微子启贤明又仁慈，他背着祭器去见周朝君主，请求别毁了商朝老祖宗的宗庙。周朝君主心一软，就分出一小块土地，让他继续供奉祖先。这，就是宋国的由来。

因为是商朝遗民，宋人的社会地位并不高，经常沦为大家讽刺的对象，比如下面这个"揠苗助长"的农夫。

话说宋国有个农夫，一心想当个种田能手，收获最多的粮食。

他铆足劲儿犁地，小心翼翼播种，又起早贪黑地为小苗浇水施肥、除草捉虫，像对待孩子般辛勤养护。

拔，我拔

"快快长大吧，快快长大，要长出高高的秆，比别人家的高一点哟。"

"快快长大吧，快快长大，要长出宽宽的叶，比别人家的宽一点哟。"

"快快长大吧，快快长大，要长出满满的穗，比别人家的满一点哟。"

农夫忙完了，还会到别人家田里溜达溜达，瞅瞅庄稼的长势。

"咦，为啥王家的禾苗、刘家的禾苗，都比我家的高一点点？"

"禾苗长得矮，长成就晚。长成晚，结穗就晚。结穗晚，成熟就晚。成熟晚，收获就晚。收获晚，我……我就当不了种田能手了。这……这可如何是好？啊，有了！"

农夫赶回自家田里，弯腰撸袖，抓起禾苗噌噌往上拔。从东头拔到西头，从南头拔到北头，一天下来，所有禾苗都神奇地"长高"了不少。

"啊哈，这下好了，我的庄稼长得最高，全村第一。"

第二天中午，农夫哼着小曲儿去田里，却被眼前的景象吓了一大跳。

一株株禾苗蔫蔫地垂着头，一片片叶子皱巴巴缩成团。太阳毒辣辣地炙烤着大地，奄奄一息的禾苗发出痛苦的呻吟："我的根断了，须断了，我要饿死了，渴死了。"

农夫一屁股坐在田埂上，伤心得哇哇大哭："我的庄稼！庄稼！昨天还好好的，今天怎么就枯死了？全完了！全完了！"

唉，天下的农夫，都希望自己的禾苗长得快一点，更快一点。对禾苗不理不睬的懒汉不是好农夫，可要是管过了头，不顾禾苗的生长规律而急于求成，也是害了它们啊。

禾苗那一声声悲哀的叹息，不知道这个愚笨的农夫，有没有听到呢？

头脑风暴

小朋友，故事讲完了，我们来做个头脑风暴吧——先秦时代，谁是讲故事的高手？

春秋战国的时候，很多大学问家写文章，不喜欢直来直去，就喜欢打比方，说故事。这些故事生动有哲理，能给人警醒和劝谕，比直接讲大道理好玩多了。庄子、列子、孟子和韩非子，都是一等一的故事高手。揠苗助长的故事，就出自孟子之手呢。

那时候谋士劝谏，纵使自己有三寸不烂之舌，也不敢轻易对国君指手画脚，万一触怒龙颜，可是要掉脑袋的。怎么办？聪明的他们想出个巧妙的主意——给国君讲故事。毕竟，谁不爱听故事呢？

庞葱给魏王讲"三人成虎"的故事，劝他不要听信小人谗言。左丘明给鲁定公讲"与虎谋皮"的故事，劝他提拔孔子不必和权贵商量。苏代给赵惠王讲"鹬蚌相争"的故事，劝他不要进攻燕国，以防秦国从中得利。

这些带有劝诫意味的故事，就是先秦寓言。

而愚人，是经常出没于先秦寓言中的一类丑角。他们或迂腐呆板，或冒失无知，或妄自尊大，或头脑不清，一句话，就是做人做事都很愚笨。

到底有多愚笨？哈哈，看了上面宋国农夫的故事，你一定知道了七八分吧。

邯郸学步

了不起的千年古城，藏了多少典故？

成语 邯郸学步

含义 比喻一味地模仿别人，不仅没学到本事，反而把原来的本事也丢了。

智慧热身

　　小朋友，你听过东施效颦的故事吗？春秋时，拥有沉鱼之貌的西施犯了心口痛，她手按胸口、愁眉蹙额的模样，在人们眼中反而更妩媚了。丑陋的东施不明所以，盲目模仿西施的动作，也想变成大美人。她本来就有点驼背，捂住胸口，身子就更直不起来了。她本来五官就不端正，眉毛拧到一起，脸庞就更扭曲了。这副丑头丑脸的怪样子，把人们都吓跑了。

　　无独有偶，战国时有个少年也犯了类似的错误，成了人们茶余饭后的笑料。哈哈，他一定没听过东施效颦的故事吧？

成语故事

战国的时候，中国北方有两个古老的诸侯国，一个叫燕国，一个叫赵国，两个国家土壤相接，离得不太远。

燕国寿陵有个少年，长得眉清目秀，仪表堂堂，却有个不太好的毛病，总喜欢一味跟风，模仿别人的一言一行、一举一动。谁穿了什么好看的衣服，他也要缝件一模一样的；谁说了什么好听的话，他也要说句一模一样的；谁做了什么好看的动作，他也要做个一模一样的。

有一天，少年走在大街上，听到两个路人聊天。一个说："我前几天贩卖马匹，去了趟赵国的都城邯郸，真是大开眼界啊。那儿的人走路姿势可漂亮了，和跳舞似的，比咱们燕国人好看多了。"

少年急忙追上去，扯着人家的衣袖问："喂，喂，邯郸人到底怎么走路啊？"

那人挠挠头，为难地说："哎呀，那走法很特别，我也学不来。"

打这天起，少年就犯了心头病，吃也吃不香，睡也睡不安，嘴里不停念叨："邯郸人到底怎么走路呢？邯郸人到底怎么走路呢？"

"不行，我得去一趟，亲眼瞧瞧，亲自学学。"他背个小包袱出了门，走了好多天，风尘仆仆地来到邯郸。

一个穿麻布短衣的壮农夫挑着竹扁担走过来，筐里装满熟透的果子。扁担很沉，农夫却脚下生风，走得又快又稳。

　　一个身材颀长、穿着考究的公子哥在河边赏景。他步履悠闲，走走停停，一举一动都风度翩翩，优雅又轻盈。

　　一个婀娜的少女走出胭脂店，莲步轻移之间，腰肢款摆，摇曳生姿，就像踮起脚在跳舞。

　　"啊，邯郸人走路的姿态真是优美极了，我干脆丢掉原来的走法，从头学起吧。"从此，少年天天站在桥头，揣摩人家走路的步法，跟在这个后面学几步，又跟在那个后面学几步。

　　可一个人走路一个样啊，少年看得眼都花了。为了学会所有的步态，他每迈一步都要思量老半天——步距不能太大也不能太小，落步不能太重也不能太轻，步调不能太快也不能太慢……他一会儿踮起脚，一会儿咚咚踩地，一会儿挺胸耸肩，一会儿摆臀扭胯，怪里怪气的样子招来好多看热闹的人。

"喂，小子，你在干什么呀？"

"我在学邯郸人走路呢。美不美？像不像？"

"哈哈哈，你这哪儿是走路啊，分明是在耍猴嘛。"

"就是就是，这么笨拙的走法，丑死了。"

这一番冷嘲热讽，让少年羞得手足无措，脸红到了脖子根。慌乱中他想找回自己原来的步法，可竟哆哆嗦嗦迈不开腿，只能一屁股瘫在地上，狼狈地向前爬行。

一位善良的老爷爷将他扶起来："小伙子啊，你大老远来邯郸学走路，不怕辛苦，倒是值得表扬。但如果只是盲目地模仿，万一没学好，又把原来的本事给丢了，可就得不偿失喽。"

没错，学步的少年、效颦的东施，都犯了同一个毛病。唐代诗人李白提笔写下"丑女来效颦，还家惊四邻。寿陵失本步，笑煞邯郸人"的诗作，讽刺的就是这两个不动脑筋、盲目跟风的倒霉蛋啊。

头脑风暴

小朋友，故事讲完了，我们来做个头脑风暴吧——了不起的千年古城，藏了多少典故？在巍巍太行东麓，有一座三千多岁的古老城市，名字叫邯郸。邯郸学步的故事啊，就发生在这里。

八千多年前，我们的先民就在这里繁衍生息，孕育出新石器早期的磁山文化。战国时，邯郸成了赵国的都城，一时间名震四方……

坐拥如此丰厚的历史底蕴，随意拎出这里的一街一巷、一桥一石，都能讲出个动听的故事。邯郸学步、负荆请罪、黄粱美梦、胡服骑射……和邯郸有关的典故同它的岁数一样，竟有三千多条呢。

都说成语是中华文明的瑰宝，那邯郸就是座取之不尽的藏宝库呀。人们喜爱邯郸，送给它一个"成语典故之都"的美称，真是太合适不过啦！

小朋友，如果有机会，你可以去邯郸这座冀南古城游一游，看一看。登登学步桥，走走回车巷，望望插箭岭，想想这些遗迹中都藏了哪些精彩的成语典故，好不好啊？

上下其手

一上一下，暗藏什么玄机？

成语 上下其手

含义 表示玩弄手法，颠倒是非。也比喻暗中勾结，串通作弊。

智慧热身

小朋友，如果两个人起了争执，闹上法庭，就得请法官给评评理了。

传说上古的时候，大法官皋陶（gāo yáo）养了一只长得像羊的神兽，名字叫獬豸（xiè zhì）。獬豸有双慧眼，忠奸善恶是非曲直，一眼就能分辨清楚。它头上还顶了个角，谁是坏人，谁犯了罪，它就用角撞倒谁。找皋陶这样铁面无私的人来断案，肯定错不了。

要是找的人心术不正，那可就遭殃了。因为谁更有权势，他就可能偏向谁，厚此薄彼，畸轻畸重，法律的天平就失去了公正的砝码。

历史上还真有这样一桩不公不法的断案，我们来听听吧。

成语故事

驰骋于疆场的将士，没有一个不想立大功的。可拼了老命才到手的功劳，要是被别人耍手段给生生抢了去，那得多让人窝火啊！

春秋的时候，楚国的楚康王和秦国的秦景公联合发兵，想攻打吴国。听说吴国戒备森严，他们就变换策略，改去突袭沿途的郑国。

浩浩荡荡的大军逼近了郑国的麇城。旌旗蔽日，战鼓震天，数不清的兵甲、战车和马匹黑压压地集结在城外，恶战一触即发。

守城大将皇颉带着一众人马出来迎战，可他兵力不足，根本抵挡不住秦楚联军强大的进攻，最终败下阵来，被楚国的穿封戌给捉住了。

穿封戌是谁呀？他是个县尹。当时，为了抵御别国入侵，楚国在边境设立了一些县，作为边防重镇。县的长官就是县尹，手握一定的兵权。这回，穿封戌活捉郑国大将，拿下郑国城池，真是立了大功。

没想到，功劳还没上报，半路就杀出个公子围。他是楚康王的弟弟，仗着皇亲国戚的身份，厚着脸皮来抢功，硬说皇颉是他俘虏的。

两人为这件事争吵起来，越吵越凶，闹到了伯州犁那里："您老德高望重，快给我们评评理吧！"

伯州犁是楚国的太宰，专门掌管君王家的内外事务。听了二人的陈述，他狡猾地笑了笑："嗨，这一点都不难。既然争执的焦点是谁捉住了皇颉，那问一下当事人，不就真相大白了吗？"

伯州犁命人押来皇颉，说道："我们争论的事情和您有关，您是君子，希望能实话实说。"

他先是把手抬得高高的，指向公子围，毕恭毕敬地说："这位是公子围，楚王最宠爱的弟弟。"

他又故意把手压得低低的，指向穿封戌，漫不经心地说："那人叫穿封戌，是方城外的县尹。"

"您回忆一下，这两个人中，究竟是谁俘虏了您呀？"

是谁俘虏了你？

被五花大绑的皇颉，虽然身体动弹不得，脑袋瓜却没有锈住："伯州犁一上一下的手势，可是别有深意啊。公子围是楚王的弟弟，位高权重，我哪里惹得起？要是说真话，他一定不会饶我；要是说假话，没准能讨好他，把我给放了呢。至于穿封戌嘛，哼，你擒了我，我恨你还来不及，还要为你歌颂功劳？门儿都没有！"

想到这里，皇颉心领神会地回答："公子围神勇无敌，锐不可当，我败在他手下，输得心服口服。"

"哈哈！"公子围扬扬得意地看着穿封戌，"这回可是板上钉钉了，你还有什么可说的？"

正直的穿封戌肺都气炸了："你们这些小人，为了抢功，竟然耍出如此卑鄙的手段！我绝不容你们！"

他猛地抄起铁戈刺向公子围，想杀他泄愤。眼见大事不妙，公子围一溜烟跑出门，不见了踪影。

就这样，佯装公正的伯州犁耍了个"上下其手"的诡计，用上代表地位高，用下代表地位低，勾结公子围鸠占鹊巢，轻而易举抢走了原本属于穿封戌的战功。

头脑风暴

小朋友，故事讲完了，我们来做个头脑风暴吧——一上一下，暗藏什么玄机？

别看手指头没有嘴巴，它一样能通过手势来表情达意。手做出不同的动作，摆在不同的位置，想传递出的信息也不一样。

　　比如在中国，大拇指竖起来就代表"干得好"；食指和中指分开呈现"V"字形，也就是俗称的剪刀手，意思为"胜利"；大拇指和食指圈成圈，再竖起剩下三个指头，指的是"没问题"。如果朝前伸直右胳膊，掌心向前，那就是要"叫停"什么事情了。

　　你瞧，手势的含义多丰富啊。老奸巨猾的伯州犁就是因为深谙手势的门道，才"一上一下"不露痕迹地颠倒了黑白，讨到了权贵的欢心。

食指大动

染指于鼎，为何犯了大忌？

成语 食指大动

含义 原指有美味可吃的预兆，后形容看到有好吃的东西就变得很贪婪。也指眼前有一些美食，正准备好好享用的情况。

智慧热身

俗话说，民以食为天。中国人擅长烹饪，用简单的食材就能做出美味的佳肴。

北京的烤鸭、炸酱面，陕西的凉皮、肉夹馍，四川的麻辣火锅、麻婆豆腐，广东的沙茶牛肉、蜜汁叉烧，光是听见这些菜名，你就馋得垂涎三尺了吧？

春秋时期，有个人也犯了馋虫。他因为想尝一口鲜美的鳖汤，竟然触发了一场宫廷血案，把国君给杀了。

他怎么这么大胆子，这又是怎么一回事呢？

成语故事

天刚蒙蒙亮，郑国的两位大臣公子宋和公子家像往常一样去上早朝，拜见国君郑灵公。

走着走着，公子宋的食指忽然不由自主地动了起来。他得意地给公子家看："我的食指能未卜先知，往常只要它一动，我必定会尝到珍奇名贵的食物。看来啊，今天又有好吃的喽。啧啧啧，不知道会是什么呢？"

公子家半信半疑："啊，有这么神奇？你不会是吹牛皮吧？"

两人走到朝堂门口，正碰到内侍对厨师说："昨天楚国派人送来一只几百斤重的大鳖，国君下令做成羹，请文武百官一同尝鲜。"

这么大的鳖十分少见，可不是随随便便就能吃到的。公子家惊呼道："哇，公子宋，你这指头还真灵啊！"

来到大殿上，两人脸上依旧挂着止不住的笑意。郑灵公好奇地问："两位爱卿，你们有什么喜事，笑得这么开心？"公子家抢先一步，把食指大动的奇闻告诉了郑灵公。

郑灵公脑筋一转，想暗地里捉弄捉弄公子宋。他叫来厨师，嘀嘀咕咕地耳语了一阵。

我这不是吃到了吗？

上完早朝，鲜美的鳖羹就被端上大殿，一时间热气氤氲，香味四溢。还没开席，大臣们就馋得腮帮子一个劲儿冒酸水。

厨师按照大臣的座次，从下席开始，逐次分发到上席。分到公子宋的时候盆子刚巧见了底儿，一点羹都不剩了。

郑灵公哈哈大笑："爱卿啊爱卿，这鳖羹怎么偏偏分到你这儿，就没了呢？这回，你的食指不灵了吧？"群臣听了，也跟着哄笑起来。

看着眼前空空如也的桌案，公子宋尴尬得脸上红一阵、白一阵，愤怒的火焰一下子就被点燃了：哼，你这是故意让我难堪啊？想不给我吃，门儿都没有！

他猛地站起身，径直走到郑灵公面前，用食指在盛鳖羹的鼎里蘸了蘸，又放进嘴里尝了尝："谁说我的食指不灵了，我这不是吃到了吗？哈哈哈！"说完，他一甩袖子，头也不回地扬长而去。

这个举动震惊了在场的所有人，大臣们吓得面如土色，郑灵公更是气得七窍生烟："他……他怎么敢这样目无国君？我一定要杀了他，杀了他！"

公子宋回到家，冷静下来后发现自己惹下大祸，小命都保不住了。他想先下手为强，拉着公子家一起除掉郑灵公。公子家不愿意合谋，反而规劝道："牲口老了，我都舍不得杀，又怎么能杀一国之君呢？"

利诱不成，公子宋又想出威逼的办法。他四处造谣，污蔑公子家要造反。公子家一害怕，就硬着头皮顺从了他。

有一天，公子宋带人秘密闯入郑灵公的寝室，用土袋子压死了登基还不到一年的灵公，犯下了弑君的弥天大罪。

头脑风暴

小朋友，故事讲完了，我们来做个头脑风暴吧——染指于鼎，为何犯了大忌？

鼎是什么呀？

在古代，鼎可是一种了不得的物件呢。它既能用来烹煮食物，又是祭祀的礼器，更是国家权力的象征。传说夏朝开国君主大禹收集九州金属，铸造了九鼎。九鼎是夏、商、周的传国重器，谁拿到了它，谁就是天下的主人。

鼎又长得什么样呢？

鼎是用青铜铸成的，有的是圆肚子三只脚，有的是方肚子四只脚，沿儿上挂着两只大大的耳朵，身上刻着古老的纹饰和神秘的铭文。

东周时，人们吃饭能用几个鼎，全凭用餐者的级别而定，可不能乱用，这就是列鼎制度。周天子用九个鼎，诸侯用七个鼎，卿大夫用五个鼎，高级的士用三个鼎，低级的士只能用一个鼎。最高级的九鼎里盛满了牛肉、羊肉、乳猪、鱼、干肉、牲肚、猪肉、鲜鱼和鲜肉干，而最低级的一鼎里就只有干肉啦。

了解了鼎的知识，这回小朋友该明白了吧：公子宋用食指沾染郑灵公鼎中的食物，不就是在公开挑战国君的权威吗？这可是逾越了等级的大错，所以啊，郑灵公气愤得想除掉他，也就不足为奇了。

削足适履

都是皇族兄弟，为何同室操戈，相煎太急？

成语 削足适履

含义 鞋小脚大，把脚削去一块来适应小鞋。比喻不合理地迁就现成条件，或不顾具体条件生搬硬套。

智慧热身

提起楚国啊，精彩的故事可是一个接着一个，说都说不完。

公子围是楚康王最宠爱的弟弟，伯州犁为讨好他，用手指一上一下的伎俩，帮他抢走了本属于穿封戍的战功。

后来，楚康王去世。公子围借进宫探病的机会，勒死才继位四年的侄儿，自己坐上王位，成了楚灵王。

楚灵王喜欢腰肢纤细的男子。朝中文武大臣唯恐失宠，都节食瘦身，每天只吃一顿饭。早晨起来还要屏住呼吸，把腰带勒得紧紧的，扶着墙才能站起来。不过一年，腰是变细了，可一个个也都饿得跟饥民似的，脸色蜡黄，有气无力。

这"上下其手"和"楚王好细腰"的故事都和楚灵王有关。在历史上，楚灵王的名声不是太好，死时也众叛亲离，没能善终。

好歹是一国之君，他怎么落到这步田地了呢？

成语故事

春秋时期，地处长江流域的楚国有两个邻居，一个是蔡国，一个是徐国。和幅员辽阔、称霸四方的楚国相比，蔡国、徐国地方不大，国力不强，过得挺窝囊，楚灵王早就想"啊呜"一口吞掉它们了。

有一年，楚灵王率大军灭了蔡国，又想一鼓作气继续征战，把徐国也吃掉。出征前，他将弟弟弃疾封为蔡公，管理蔡国的大小事务。

心术不正的弃疾越想越不服气："哼，他当初也是杀了亲侄儿才谋篡当上国君的。我才能不比他差，凭什么总受他差遣，还只得到这么个小破地方？"

谋士朝吴猜透了弃疾的野心，怂恿道："灵王外出征战，楚国国内空虚，可是个千载难逢的好机会。何不引兵回国，干掉灵王的儿子，另立新君呢？到时候再废了这个傀儡，您就可以登上王位，高枕无忧了。"

依此计谋，弃疾偷偷溜回楚国，害死灵王的两个儿子，拥立公子比当了国君。他还派人去灵王军中散布消息："楚国有新王了。回去的人能得到优待，谁要是还敢追随灵王，绝没有好果子吃。"士兵们吓坏了，纷纷四处逃散。

儿子死了，部下逃了，自己也被赶下王位，楚灵王成了山穷水尽的孤家寡人。他独自在荒山野岭里游荡，饿得跌倒在地。百姓们怕被诛三族，都不敢收留他，更不敢给他吃的。走投无路的楚灵王凄惨地哭了半宿，在天亮前自缢而死了。

听说灵王已死，弃疾马上逼公子比自杀，篡权当上了楚平王。

这楚平王也不是什么明君。他杀害侄儿，逼死哥哥，靠宫廷作乱上位。当政后又听信小人谗言，扑杀骨肉和忠臣，差点令楚国亡了国，最后落得个被扒坟鞭尸的下场。

像楚灵王、楚平王这样，为争夺王位而自相残杀的惨剧，在晋国也有一桩。

晋献公的妃子骊姬仗着受宠，想罢黜太子，拉自己儿子上位。晋献公对她言听计从，不仅逼死太子申生，还要将儿子重耳、夷吾也斩草除根。听到风声的两位公子只好赶紧逃跑，流亡国外。出了这个乱子，晋献公去世后，晋国陷入争夺王位的混乱中，好长时间都不得安宁。

听信小人谗言，原本血浓于水的兄弟父子却反目成仇，同室操戈，引发了国家的混乱，这真是残酷的历史教训啊。

西汉淮南王刘安有感而发，把它们比喻成"削足适履""杀头便冠"，意思是为了穿上小鞋子竟削去脚上的肉，为了凑合小帽子竟把头砍掉一块，真是颠倒了轻重，太不明智了。

头脑风暴

小朋友，故事讲完了，我们来做个头脑风暴吧——都是皇族兄弟，为何同室操戈，相煎太急？

"煮豆持作羹，漉豉以为汁。萁在釜下燃，豆在釜中泣。本自同根生，相煎何太急？"相传三国时候，曹丕想将弟弟曹植置于死地，命他七步成诗，作不出就杀。曹植将同根生的豆和萁（豆茎）比喻成同胞兄弟，用豆茎煎豆比喻兄弟相残，悲愤地作成这首《七步诗》，表达了对曹丕的强烈不满。

在中国古代，这种同室操戈、相煎太急的惨剧多得数不清。

皇帝只有一个，皇子皇孙皇叔却多如牛毛。为了争夺至高无上的权力宝座，皇族兄弟间经常针锋相对，大打出手，甚至兵刃相见。失败的一方都是隐患，往往被杀、被流放或出逃，得不到好下场。

唉，这么看来啊，当个皇子虽有锦衣玉食相伴，却也可能因为储位之争而丧命，真是很有风险的一件事呢。

郑人买履

左准绳，右规矩，古人用啥测长短？

成语　郑人买履

含义　讽刺那些只相信教条而不重视实际情况的人。

智慧热身

夏天穿凉鞋，冬天穿棉鞋，跑步穿球鞋，跳舞穿舞鞋，正式场合穿皮鞋，休息时候穿拖鞋。小朋友，你天天都要穿鞋子，对不对？

可你知道吗，很久很久以前，世界上是没有鞋子的，大家都光着脚，脚底磨了层厚厚的老茧。

后来，有人觉得赤脚不舒服，就把兽皮扎裹在脚上，做成了最原始的鞋。兽皮鞋又舒适又温暖，有它们保护，脚丫走在凹凸不平的路面上就硌不疼了，遇到寒冷的冬天啊，也能暖乎乎的了。

再往后，鞋的花样就更多了：用草茎编织的草鞋、用青铜浇筑的战靴、用木头削成的木屐、用蚕丝纺成的丝鞋、用棉布裁成的布鞋，还有专供达官贵人穿的厚底官靴……

古时候，贫苦百姓穿不起贵重的鞋，就选择廉价的草鞋。三国的时候，那个叱咤风云的蜀汉开国皇帝刘备，早年间还在大街上卖过草鞋呢。

有卖的，就有买的。今天啊，我们来讲一个令人啼笑皆非的买鞋故事。

成语故事

春秋的时候，中原大地上有个诸侯国叫"郑"，就是郑重其事的"郑"。郑国的疆域面积不算小，又有兵强马壮的军队镇守，在当时也是个风光一时的大国。

郑国有个书生，读书很认真，可就是长了个榆木脑袋，做事情又固执又死板，总守着老规矩不放，一点不懂得变通——唉，真是"郑重其事"过了头啊。

一天，书生发现自己的鞋子磨破了。大脚趾伸出鞋面，把好端端的鞋子顶出个圆圆的黑窟窿，真是难看极了。

"唉，这鞋修也不成，补也不是，只好再买一双了。"书生翻箱倒柜，找出一根小绳子，对着脚板比来比去。

喂，喂，这太阳都西斜了，他不赶紧奔集市去，扳着脚丫干什么呢？

原来啊，书生正用绳子当尺，测量脚的长短呢。他小心翼翼捏着绳子，左量右量，前测后测，念念有词地折腾了老半天，最后在绳子某处打了个结。

"好了，这下可万无一失喽。"书生沾沾自喜地出了门，来到集市。

"瞧一瞧，看一看，本店新上的鞋子，好看轻便又耐穿喽。"集市上，卖鞋人扯开嗓门大声吆喝。

"穿了我的鞋子，十里八乡逛一逛，款式时髦没重样。"

"穿了我的鞋子，千山万水任逍遥，两脚生风轻飘飘。"

"穿了我的鞋子，三年四年不用换，不破不坏真划算。"

"啊哈，这么好的鞋子，正合我意。"书生挑挑这双，拣拣那双，总算选到满意的鞋子。这时，他想用量尺寸的绳子比一比鞋的大小，可左摸右摸，上找下找，怎么也寻不到。

"糟糕，出门走得急，绳子落家里了！没有绳子就不知道鞋的尺寸，这可如何是好？"书生懊悔地拍着脑门，"不行，不行，我得回家取一趟。"

他头也不回地朝家赶，抄起落在竹椅上的绳子，又慌慌张张折回集市。太阳已经西落，集市上空无一人，各家店铺都打烊了。再看卖鞋的那家啊，早就闭门谢客了。

"唉，唉，我真是走了霉运。"书生懊恼地直跺脚。

一旁的布店老板正在收拾摊子，禁不住插话："先生，您刚才买鞋时用脚穿一穿，不就知道合适不合适了？为何要多此一举，回家去取那根没用的绳子啊？"

书生脑袋摇得像个拨浪鼓："不妥，不妥，我可是在绳子上打了结的，多长多短分毫不差，一目了然。若是用脚试，大了还是小了，松了还是紧了，我可拿捏不好。我啊，就相信绳子上那个结，才不相信自己的脚呢。"

布店老板"扑哧"一声笑了："鞋子穿在脚上，买鞋却不用脚试，这种稀奇事，我还是第一次听说呢。依我看，不是您的脚有问题，是您的脑袋有问题，长了个木头疙瘩呀。"

自己一肚子学问，却被一个卖布的嘲笑是木头脑袋，书生羞得脸都红了。没买到心仪的鞋子，他只好拖拉着脚上那双破烂的旧鞋子，垂头丧气地回家去了。

唉，一味地认死理，不懂得灵活变通，这个买鞋的郑国书生，要是再这样死板下去，恐怕一辈子也买不到合脚的鞋子了吧？

头脑风暴

小朋友，故事讲完了，我们来做个头脑风暴吧——左准绳，右规矩，古人用啥测长短？

在郑人买履的典故中，书生买鞋用绳子量脚长，听起来真是荒诞不经。但你知道吗，在远古先民的生产劳动中，小小的绳子可派上过大用场呢。

很久很久以前，哪有什么带刻度的卷尺和三角尺。要测长度，该怎么办呢？

别替老祖宗担心，聪明的他们有的是办法——手指头啦，脚丫子啦，这些常见的人体部位，都被信手拈来，当成了测量工具。

比如，长度单位"寸""尺""寻"，就源于人的身体：中指有三节，中间一节的长度，是一寸；张开手掌后，拇指尖到食指尖的距离，是一尺；伸平双臂，左手中指尖到右手中指尖的距离，是一寻。"布指知寸、布手知尺、舒肘知寻"的说法，就是这么来的。

老祖宗自家盖房子，地基规格准不准，迈开腿走几步比比就知道啦。可如果遇到大工程，干活人个子有高有矮，腿脚有长有短，跨步有大有小，测出的长度不一样，又该怎么办呢？

别急，古人还有妙招。据记载啊，夏朝开国君主大禹治理水患、勘测土地时"左准绳，右规矩"，用的就是"准""绳""规""矩"这些更精确的测量工具。

　　"准"是用来测水平的，要是表面像水一样平，那就是很"准"啦。"绳"是用来测长短的。没有规矩不成方圆，"规"和"矩"，一个是用来画圆圈的，就像我们现在用的圆规；一个是用来画方块的，就像我们现在用的三角尺。

　　千万别小看了这些老物件。在遥远的古代，它们可都是高科技的玩意儿，凝聚着咱们老祖宗无穷无尽的智慧哪。

成语游戏

手脚配配对

不像争功的五官，为了奖杯吵得不可开交，手和脚总爱互相帮助。

手可以帮人拿东西，脚可以帮人走路。手够不着高处的东西，脚就会使劲儿跷起来，把手托得高一些。而脚走路的时候呢，手也会和胳膊一起前摆后摆，给脚鼓劲儿，帮脚保持平衡呢。

瞧，手和脚，是不是一对互帮互助的亲密伙伴呢？

手和脚不仅喜欢协同作战，还喜欢连在一起，玩成语配配对的游戏呢。它们配好的每个成语里，都有一个"手"字，一个"脚"字。聪明的小朋友，请你填一填这些有趣的成语吧。

	手		脚
	手		脚
	手		脚

	手		脚
	手		脚
	手		脚
	手		脚
	手		脚
	手		脚
	手		脚

躯干的成语

病入膏肓

什么是膏？什么是肓？

成语 病入膏肓

含义 病情特别严重，无法医治，也比喻事态严重到不可挽回的地步。

智慧热身

小朋友，你生过病吗？人生病了就要去看医生，对不对？

中国古代出了好几位神医呢。战国神医扁鹊去拜见蔡桓公时，远远一望，就诊断出他的身体出了毛病。三国神医华佗为身中毒箭的关羽剖臂刮骨，去除剧毒，医好了他的伤。华佗还模仿动物的姿态创编了一套"五禽戏"的锻炼方法，可有助于养生了。直到现在，要是一个人医术高明，都会被称赞为"华佗再世"呢。

纵然神医有妙手回春之术，可面对有些疾病，神医也会束手无策。这究竟是什么严重的病呀?

成语故事

俗话说，病来如山倒，病去如抽丝。来势凶猛的疾病仿佛崩塌的大山，很快就能压垮一个人。可要是想把病治好，却是个漫长的过程。

这不，晋国的国君晋景公不知怎么就突然害了一场怪病，病得米水难进，气若游丝，虚弱得连床都下不了了。

这可忙坏了宫里的御医，他们一天三次为景公诊脉，可左查右查就是找不出病根，无法对症下药。眼瞅着景公的身体一天不如一天，大臣们都成了热锅上的蚂蚁，急得团团转。

有人想出个主意："不如发榜文悬赏吧，谁能治好景公的病，奖励五十万两黄金。"众人拍手称妙，立刻派人去张榜。几天里，宫门前车水马龙，形形色色的医生倒是招来不少，可没有一个能把病瞧好。

走投无路之际，一名侍从提议："听说秦国有个神医，姓秦名缓，医术十分高明，看好了不少疑难杂症。要不然请他来试一试?"

这最后一根稻草，说什么也不能错过。大臣们连夜派使者奔赴秦国，得到秦伯的同意，带着神医秦缓快马加鞭地往回赶。

深宫中，躺在病床上的景公恍恍惚惚地做了个梦。他梦见自己的病变成了两个小孩，正在他身边说悄悄话呢。

一个小孩惊慌失措地哭道："不好了！不好了！神医一来我们就遭殃了，赶紧逃吧。可是躲在哪儿好呢？"另一个小孩淡定地说："别怕别怕，我们就躲到膏的下面、肓的上面，那里最安全了。不管他用什么药，都拿我们没办法。"

景公一着急，伸手去捉两个小孩，他们却一溜烟儿跑开了。两个小孩站在远处，又是蹦，又是跳，又是做鬼脸儿："嘻嘻，逮不着，逮不着。"

"啊！"景公一下子被这怪梦惊醒了，吓出满身的冷汗。他疲惫地睁开双眼，看到大臣们带着神医秦缓正在床边等候着呢。

景公吃力地起身问道："神医啊神医，你说说，寡人还有救吗？"

无药可治了

秦缓仔细看了看景公的面色，又把了把脉，摇着头说："病在肌肤和肠胃，还能借助针灸和汤药来治疗。可如果病在膏肓，针灸是扎不到的，吃汤药也不管用。恕臣直言，大王的病已经渗入心肺之间，无药可治了。"

听了这番话，景公惊讶得合不拢嘴——神医的诊断结果和自己梦见的小孩对话，竟然一模一样！

"哎，您的医术果真高明，我这病啊，确实是好不了了。"景公无力地垂下头，重重地叹了口气。他为秦缓准备了一份厚礼，派人将他送回秦国去了。

病入膏肓的景公就像一盏即将燃尽的油灯，生命之火越来越微弱，越来越黯淡。终于，在一个乌云密布的天气里，油尽灯枯的他一头栽倒在地，再也没有起来。

头脑风暴

小朋友，故事讲完了，我们来做个头脑风暴吧——什么是膏？什么是肓？

景公四处寻医问药，连神医都束手无策，是因为他已病入膏肓。那么，什么是膏？什么是肓？为什么病症发展到这个地方，就无法医治了呢？

我国古代医学上把心尖脂肪叫作膏，心脏和膈膜之间叫肓，据说啊，膏肓是药力无法到达的地方。

相比古代医学，现代医学不知发达了多少倍，很多古人眼中的不治之症在现代都能被轻松治愈。可人是个复杂的生命体，还有很多疾病的谜团就连现代医学也暂时无法解开，需要做更长时间的研究。

负荆请罪

古人犯了错，怎么表达歉意？

成语 负荆请罪

含义 表示主动向人认错、道歉，请求给予自己责罚。

智慧热身

小朋友，你知道吗？中国古代君子贵节义，重友情，在交朋友这件事上，留下不少美谈呢。

管仲穷困，鲍叔牙总是接济他，还推荐他当相国。管仲说："生我的是父母，懂我的是鲍叔牙。"两人情谊深厚，被称为"管鲍之交"。

俞伯牙在山间鼓琴，偶遇樵夫钟子期。从琴声里，子期感受到巍峨高耸的泰山和奔腾不息的江河，成了最理解伯牙音乐的人。子期死后，伯牙痛失知音，挑断琴弦，摔碎古琴，一生不再弹。两人心意相通，被称为"俞伯牙摔琴谢知音"。

还有很多很多，如胶漆之交、鸡黍之交、舍命之交、忘年之交、生死之交……

　　有一种友情，叫刎颈之交。刎颈就是割脖子。朋友遭遇危难，自己上刀山下火海也要去搭救，那一定是同生死、共患难的真友谊了吧？

成语故事

　　战国时，赵国有个不太友好的邻居，名叫秦国。

　　都说远亲不如近邻，可这句话放在群雄争霸的战国，就不能当真了。因为秦国最爱搞"远交近攻"——就是和距离远的国家交朋友，攻打自己的邻居。因为距离远的，打下来的土地也没办法管理。距离近的，一寸一尺的土地都能收入囊中。仗着实力强大，秦国总欺负赵国。对这个虎视眈眈的邻居，略处下风的赵王真是又恨又怕。

　　有一次，赵王得了块稀世珍宝"和氏璧"。秦王觊觎宝玉，假意用十五座秦国城池交换它。赵王怕得罪人，只好派门客蔺相如出使秦国，达成买卖。蔺相如很聪明，看透秦王并非真心想平等交换，便怒发冲冠，以玉碎人亡为威胁夺回宝玉，又派人将宝玉偷偷送回赵国。

　　赵王主动献玉，秦王却不想给城池，不占理在先的他，也就没法再挑事了。蔺相如巧妙化解了这次外交危机，被提拔为上大夫。

　　后来，秦赵两国在渑池会盟。宴席上，秦王故意说："听说赵王喜欢音乐，给我鼓个瑟助助兴吧。"

国宴这么重要的场合，都是舞姬乐工表演，国君亲自上场，不是降低自己的身份吗？秦王这么做，分明是想侮辱赵王啊。可赵王害怕，不敢不鼓，就拨拉了几下琴弦。

秦王开心地对秦国史官说："快快快，记下来，某年某月某日，秦王和赵王喝酒，命令赵王鼓瑟。"

蔺相如看不下去了，心想："秦王得寸进尺，真是坏透了。我若再不出手，赵王的脸往哪儿搁呀？"

于是，他抱着缶（一种瓦制的打击乐器）上前说："赵王听说秦王也擅长音乐，请您击个缶，同乐一番吧。"秦王死活不肯。蔺相如又说："我现在离您不到五步，我脖子上的血，可能会溅到您身上哟。"秦王没办法，只好悻悻地敲了一下。蔺相如马上对赵国史官说："快快快，记下来，某年某月某日，秦王为赵王击缶。"

渑池会盟，秦王没占到一点便宜，多亏了机智勇敢的蔺相如。赵王提拔蔺相如为上卿，相当于宰相，官位比大将军廉颇还高呢。

廉颇一百个不乐意，天天发牢骚："我攻城略地，出生入死，立下多少大功。蔺相如出身贫贱，耍耍嘴皮子，就得了个大官。我不服！不服！等看见他，我一定好好羞辱他一番。哼！"

蔺相如知道了，就总躲着廉颇。每次上朝，他都假装生病不去，避免和廉颇争位次。有一天乘车外出，两人相向而行，挤进一条小巷。巷子很窄，只容一辆马车通过。蔺相如主动掉转车头，让出道路，请廉颇先过。

门客们不满地问："见到廉颇，您为何躲躲闪闪，不敢露面？也太胆小怕事了吧？"蔺相如平静地回答："我连秦王都不怕，会怕廉将军？秦国不敢攻打赵国，就是因为我和廉将军都在啊。要是我们两个内斗，伤了和气，秦国一定会钻空子的。社稷安危最重要，个人恩怨就搁置在一边吧。"

大哥，我错了

廉颇听说后非常惭愧。他袒露上身，带着荆条做的鞭子，到蔺相如家请罪。

他将鞭子举过头顶，恭敬地说："您的胸襟如此宽广，我却那样浅薄，多次对您出言不逊。请惩罚我吧！"

蔺相如微笑道："我从未生过将军的气，何来惩罚？将军快快请起，你我二人齐心协力，一定能保卫好赵国。"

一个深明大义，一个知错就改，赵国的两个顶梁柱终于冰释前嫌，成为好朋友。从此，历史上多了一对同生共死的"刎颈之交"，也多了一段"将相和，平天下"的千古佳话。

头脑风暴

小朋友，故事讲完了，我们来做个头脑风暴吧——古人犯了错，怎么表达歉意？

现代人道歉，常说的一句话是"对不起"。相比之下，古人道歉的方式要独特得多。比如负荆请罪，就是一种很正式的道歉。荆是灌木，荆条没有刺，可以做成鞭子，鞭打犯罪的人。身为大将军的廉颇能放下身段，手持荆鞭去请罪，真是很有勇气和诚意呢。

割股啖君

救了国君命，为啥不邀功？

成语　割股啖君

含义　又称割股奉君，即割下自己腿上的肉给君主吃。

智慧热身

小朋友，你去过山西吗？

山西是一方古老的土地，几千年前，那里的先民就在黄河水的滋养下世代生息繁衍。山西又是一方有故事的土地，平遥古城、云冈石窟、壶口瀑布、洪洞槐树……它的一砖一瓦、一山一石、一江一河、一草一木，都蕴藏着说不尽的沧桑历史。

在山西介休县东南，屹立着一座巍峨的高山，名字叫绵山，也叫介山。每个到介山探幽访古的旅人，总忘不了去山中的介公岭、介公墓和介子祠凭吊一番。

介公是谁？他又为什么能流芳千古，为后人所敬仰呢？

成语故事

杳无人烟的山野中，坡陡坎深，满是崎岖不平的羊肠小路。几辆灰头土面的马车疲惫地上下颠簸着，从远处驶来。

车队的首领是一个叫重耳的人。曾经，他是个晋国公子，拥有显赫的地位和坚固的城池。而现在，他是个流亡的贵族，只能寄人篱下，四处漂泊。

重耳的父亲晋献公耳根子软，听信骊姬的谗言，以为重耳要造反，便派人杀他。为了保住小命，重耳带着十几个亲信从母国逃了出来，到别国寻求庇护。一路上长途跋涉，风餐露宿，吃了上顿没下顿是常有的事。

车队停了下来，饥渴难耐的人们准备生火做饭，休息片刻。打开粮食袋子，随从惊得失声大叫："糟糕，粮食不见了，肯定是被人偷走了！"

"哎呀，没有粮食，大家都得饿肚子啊！"

"可这荒郊野岭，前不着村后不着店的，去哪儿找吃的呢？"

"看来，只能先挖点野菜果腹了。"

野菜汤又苦又涩，重耳拧眉嚼了几口，吞咽不下，全吐了出来。身染恶疾加上饥肠辘辘，他整个人都快撑不住了。

一个叫介子推的随从看在眼里，急在心上。他悄悄走远了，回来时端着碗热气腾腾的肉汤，献给了重耳。

"这肉汤可真好喝，是从哪儿弄来的？"重耳一口气喝了个精光。

介子推强忍着疼痛说："臣爬上树，逮了只麻雀。"

后来，见介子推一瘸一拐走不动道，重耳十分疑惑。有人哽咽着说出实情："主人，您之前喝的，是介子推从自己腿上割下的肉，做成的肉汤……"

"哎，我何德何能，竟让他遭受割股之痛。等我当上国君，一定不忘他的救命之恩。"重耳感动地抹着眼泪。

流亡十九年，重耳辗转于翟国、卫国、齐国、曹国、宋国、郑国、楚国和秦国，有的视他为绊脚石，有的视他为座上宾。不管境遇如何，介子推都一直追随在重耳左右，默默相守，忠贞不贰。

六十二岁时，白发苍苍的重耳被晋人迎接回国，登上王位。随他东奔西走的功臣被大肆犒赏，有的得了封地，有的得了爵位，偏偏遗漏了那个割股啖君的介子推。

"快！快去向大王邀功，再晚就来不及了。"有人提醒他。

介子推倔强地摇摇头："重耳成就大业是上天的安排，和我有什么关系？邀功的人，都是些祈求显贵、猎取名利的无耻之徒。我不愿跟风，也不想依靠君王的赏赐过活。"淡泊名利的他带着老母亲隐居到绵山中，不再关心政事。

终于有一天，晋文公念起介子推的好，派人去绵山寻他，却始终没有找到。有奸人献计说："大王，我们可以三面烧山，留一面作为出口，火势一大，他们母子自会出来。"

大火烧了整整七天……狰狞的火焰和浓烈的黑烟吞噬了整座绵山，将一切逼往死亡的绝境。火舌肆虐之处，树木噼里啪啦爆裂，土地焦黑一片，鸟兽惊恐地四处奔逃。

山脚下的晋文公同样心急如焚。狐狸逃出来了，野猪逃出来了，兔子逃出来了，可最想见的那个人，却始终没有出现。他为什么如此决绝，宁愿死，也不肯再见自己一面？

待火势渐熄，晋文公派人上山搜寻，在一棵烧焦的柳树下找到了介子推母子。两人怀抱着树干，早被活活烧死了。"是我一错再错，逼死了忠臣啊。"重耳纵然泪流满面，也无法令故人起死回生。

为了悼念介子推，晋文公下令将"绵山"改名"介山"，在介子推忌日这天，家家户户都不能生火，只能吃冷食。相传，中国传统的节日"寒食节"，就是由介子推的故事演化而来的。

头脑风暴

小朋友，故事讲完了，我们来做个头脑风暴吧——救了国君命，为啥不邀功？

鲁国史学家左丘明写了一篇名为《介子推不言禄》的文章，记述了介子推不贪图富贵名利的言行。不言禄，这可是中国古代有独立人格的知识分子十分推崇的道德准则呢。

割股啖君的故事还流传着另一个版本：介子推不愿接受晋文公的封赏，带着母亲远离尘嚣，终老山林。相比被烧死的惨烈，这个结局要温和得多。好人有好报。或许，善良的人们更愿意相信，这位如菊花般淡泊名利的谦谦君子，一定也会拥有"采菊东篱下，悠然见南山"的人生大自在，获得一个安宁如意的结局吧。

黄袍加身

哪种颜色，除了皇帝谁都不敢穿？

成语 黄袍加身

含义 比喻发动政变获得成功。

智慧热身

小朋友，你喜欢听皇帝的故事吗？

中国上下五千年的悠悠岁月中，几十个朝代和政权你方唱罢我登场，在历史的大舞台上演绎着一出出兴衰成败。

政权的领袖，早前有的叫"后"，有的叫"帝"，有的叫"王"。秦始皇统一天下后，觉得自己比三皇五帝厉害多了，就把"皇""帝"两个字加起来，给自己起名"始皇帝"。从此，一国之君就叫皇帝了。

皇位是世袭的。想当皇帝吗？不难，满足三个条件就行——你爸爸是皇帝，你妈妈是皇帝的正妻，你是妈妈生的长子。只要没大毛病，都能顺利继位。

可天下总有一些人，心比天高，不是皇族却很想当皇帝。这该怎么办呢？

成语故事

和动辄干戈相见、你死我活不同，宋太祖赵匡胤只是略施小计，就兵不血刃地赶走了前朝皇帝，建立了自己的帝国。这一切，都从一场精心谋划的兵变开始。

唐朝灭亡后，中国陷入大分裂。中原地区先后出现后梁、后唐、后晋、后汉、后周五个朝代，中原以外也盘踞着前蜀、后蜀、南吴、南唐等十个割据政权。这段政权更替频繁的历史，被称为"五代十国"。

赵匡胤，就出生在这个动荡不安的乱世。他四处游历，投奔后周，当了一名武官。他很有军事才能，打了不少胜仗，手握不小的兵权，很受皇帝柴荣器重。

柴荣去世后，太子柴宗训继位。新皇帝还不满七岁，根本处理不了国家大事，只能由丞相范质等人来辅佐。

"寄人篱下总不是长久之计。现在皇帝年幼，群龙无首，正是夺取政权、自立为王的大好机会。"赵匡胤野心勃勃地想。

怎样才能撬动皇帝的宝座呢？哈哈，有了！

一天，探子送来一封紧急战报，说北汉和契丹联手发兵，侵犯后周边境。后周朝廷上上下下慌作一团，丞相范质没来得及弄清战报真假，就命令赵匡胤赶紧北上抵御。

赵匡胤带着大军离开开封，见天色已晚，就驻扎在一个叫陈桥的地方。

夜里，他的亲信和将领们商量："咱们别替七岁小儿卖命了，没前途。统帅这么有能力，干脆拥护他当皇帝吧。"

天快亮时，将领们带着士兵浩浩荡荡来到赵匡胤屋前，高声喊："请统帅自立为天子！请统帅自立为天子！"

赵匡胤走出屋，揉揉惺忪的睡眼，装作不明就里的样子。没等他说话，将士们就冲上来，把一件黄色龙袍七手八脚地套到他身上，又高声喊："万岁！万岁！万万岁！"

赵匡胤半推半就地说："好吧好吧，既然你们想要富贵，我就顺从民意，当了这个皇帝。回去以后，不能惊动太后幼主，不能欺凌王公大臣，不能抢掠国库家宅，否则就以军法处置。"

见到破城而入的赵匡胤，后周皇室才惊呼上当了。可他们太弱小了，根本没法扭转局势，只好无可奈何让了位。经过这次精心谋划的"陈桥兵变"，赵匡胤如愿以偿，坐上了金闪闪的龙椅，穿上了黄灿灿的龙袍，建立了属于自己的大宋帝国。

登基后，赵匡胤特别担心手握重兵的部将们也照猫画虎，来个黄袍加身。于是，他请石守信等大将到宫中喝酒，半威胁半利诱，解除了他们的兵权。经过"杯酒释兵权"等一系列行动，赵匡胤将国家权力牢牢把控在自己手中，稳住了大宋朝的江山。

头脑风暴

小朋友，故事讲完了，我们来做个头脑风暴吧——哪种颜色，除了皇帝谁都不能穿？

现代社会，大街上穿什么颜色衣服的人都有，很自由。古代恰恰相反，不同身份地位的人，能穿的颜色也不一样，千万不可逾越。

从唐朝开始，皇帝霸占了黄色，规定除了自己，谁都不能穿。黄色是最尊贵的颜色，象征最高的权力。皇帝的衣橱里挂满数不清的名贵服饰，可他最爱的，一定是那件绣着祥云飞龙的黄色龙袍，天天上朝都要穿，威风极了。

红色、紫色也是比较高级的颜色，朝廷大官才能穿。接下来是绿色、青色等不太鲜亮的色彩，一般小官可以穿。

那老百姓呢？他们处在封建社会等级的下层，没钱没势，还得下地干活，就总穿白色、褐色这样的粗布短衣。

讳疾忌医

小毛病怎么变成大麻烦？

成 语 讳疾忌医

含 义 隐瞒疾病，不愿医治。比喻怕人批评而掩饰自己的缺点和错误，不愿意改正。

智慧热身

小朋友，你要是身体不舒服，会不会去找医生帮帮忙呀？

医生会用科学的方法给你检查身体，看看毛病究竟出在哪儿。有些毛病不用打针吃药，多多休息就好了。而有些毛病要是不及时治疗，就会越来越严重，引起大麻烦呢。

我国古代有个国君就是因为不相信医生的话，导致小病变大病，大病变重病，最后一命呜呼了。

他怎么这么固执呢？

成语故事

在遥远的春秋时期，医学界有个名字响当当的人物，他就是神医扁鹊。

扁鹊的医术到底有多神？传说啊，他给人看病，一眼就能穿透人的外表，清楚地找出藏在五脏六腑中的病根。有一次，虢国正要为刚去世的太子举行葬礼，被扁鹊拦住了。他凭借高超的医术，救活了尸厥的太子，令太子"起死回生"。

都说医者仁心，扁鹊游历了许多国家，走到哪儿，就把精湛的医术传到哪儿。在邯郸，他为妇女们调制养护身体的汤药。在洛阳，他为年迈的长者治疗眼花耳聋、腿脚风湿的老毛病。在咸阳，他又为可爱的孩子们看病，治好了很多小儿恶疾。

扁鹊悬壶济世、治病救人的美名传到了蔡桓公的耳朵里。民间竟然隐藏着这样的高人？真得见识见识啊！他赶紧派人将扁鹊请到了宫中。

谁知还未寒暄几句，扁鹊就对桓公说："大王，您的肌肤纹理间有点小毛病，但是还不严重，如果尽早医治，很快就会痊愈的。"桓公哈哈大笑："我吃得好，睡得香，哪有什么病。先生您多虑啦。"

送走了扁鹊，桓公对左右侍卫撇撇嘴："哼，医生就喜欢给没病的人治病，人没事了，就说是自己医好的。"

过了十天，扁鹊又去见桓公，忧心忡忡地说："大王，您的病已经深入肌肉，如果还不医治，只怕会更加严重啊。"桓公有点不高兴了，皱着眉头没搭理他。

　　又过了十天，扁鹊看到桓公，神情紧张地说："大王，您的病已经扩展到肠胃，绝不能再耽搁了，否则会有生命危险啊。"桓公拉下黑脸，连看都没看扁鹊一眼，生气地拂袖而去。

　　再过了十天，扁鹊远远看见桓公，扭头就走。桓公奇怪极了："哼，这个扁鹊，平日里一看到我就说我有病，今天怎么掉头走了？你们快去问一问。"

　　扁鹊叹了口气，对桓公的侍从们说出了真相："病在肌肤纹理之间，热敷就很管用；病症深入肌肉，针灸也可医好；病症扩展到肠胃，还能靠喝汤药来治愈；如果病情蔓延到骨髓，就只能听天由命了，再神的医生也束手无策。现在，大王病入骨髓，命若悬丝，我啊，真是治不了喽。"

　　果然不出扁鹊所料，五天以后，桓公突然恶疾发作，疼痛难忍，赶紧派人去请扁鹊。没想到，扁鹊早在几天前就收拾行囊，逃到秦国去了。

被吓傻的桓公病急乱投医，胡乱吃了一通药，却一点效用都不起。没过几天，他就一命呜呼了。

本来只是个小毛病，却因为讳疾忌医，错过了最佳的治疗时间，导致小病变大病，大病变重病，最后无药可救。这个倒霉的桓公啊，是不是既可怜又可悲呢？

头脑风暴

小朋友，故事讲完了，我们来做个头脑风暴吧——小毛病怎么变成大麻烦？

别说小病拖延不治会让人丧命了，就是又长又高的堤坝，如果被不起眼的小蚂蚁钻得到处是洞，等到大水一冲，也会有决口的危险。

千里之堤，毁于蚁穴。该怎么保护堤坝的安全呢？

白圭是战国时魏国的丞相。他很重视防洪防涝，只要发现堤坝上有小洞，哪怕是几个很小很小的蚂蚁洞，都立刻派人填充填实。在他任职期间，魏国的堤坝非常牢固，一次水灾也没有闹过。

白圭的做法就叫作"防微杜渐"。在不好的苗头刚刚冒出来时，如果能够马上遏制住它，不让它恶化，小问题就不会引出大麻烦啦。

胯下之辱

做大事的人，要能屈能伸，还是宁折不弯？

成语　胯下之辱

含义　从胯下爬过的耻辱，比喻极端的羞辱。

智慧热身

小朋友，你知道楚汉之争吗？

残暴的秦王朝被推翻后，中国大地又陷入楚汉之争——西楚霸王项羽和汉王刘邦为了争夺天下统治权，开始了长达五年的战争。

刘邦帐下有个默默无闻的年轻人，是个管理粮饷的小官。那时候，思乡逃跑的军官很多，这个人也在其中。相国萧何不追别人，唯独快马加鞭亲自去追他。刘邦问及原因，萧何回答：此人是全国独一无二的人才，国士无双。汉王若想夺取天下，一定不能缺了他。

这么厉害的人，究竟是谁呢？

成语故事

秦朝时，淮阴有个年轻人叫韩信。他长相不俗，胆子不小，胸怀志向和抱负，一看就与众不同。

韩信家里很穷，瓦缸里连一粒下锅米都不见。他也没有固定收入，穷得连个铜子儿都掏不出来。这生活，过得真是捉襟见肘啊。

要是饿肚子了，韩信就去相熟的亭长家蹭口饭吃，一吃就是好几个月。亭长妻子很不乐意，想赶走这个吃白食的讨厌鬼。一天清晨，亭长妻子早早烧好饭，躲在卧室里吃了个干净。韩信来到厨房，发现锅里空空的。他猜透了亭长一家的小心思，气得拂袖而去，和他们断了交情。

韩信实在饿得慌，只好来到郊外小河边，想钓几条鱼填饱肚子。他可真倒霉，不仅一条鱼没捞着，还差点饿晕。河边有位漂洗丝絮的老妇人可怜他，就把自己的饭食分给他一半，一连接济了他几十天。

韩信的潦倒在淮阴城里是出了名的。没钱没势、没吃没穿、寄人篱下的他不论走到哪儿，都会遭到不少人的白眼和欺负。

一天，韩信提着几条刚钓的小鱼路过集市。这里真热闹，卖野兔的，卖山鸡的，卖黄米高粱的，馋得人直流口水。突然，有个五大三粗的屠夫冲到路中间，敞开衣服，两手叉腰，气势汹汹地拦下他。

"喂，你就是韩信吧？长得倒是人高马大，还佩带着刀剑，依我看哪，你这都是装腔作势，其实骨子里就是个胆小鬼。"屠夫挑衅道。

"哈哈哈，就是就是，这姓韩的家伙，胆子还不如蚂蚁大呢。"旁边几个屠夫也跟着奚落他。

韩信不想惹出事端，便低头不语，绕道而行。没想到，那伙人竟对他拉拉扯扯，推推搡搡，把他围成一圈。

"韩信，你一个大男人受到这样的侮辱，难道不生气？你要是胆大不怕死，就拿剑来刺我呀。你要是怕死不敢刺，就从我裤裆底下钻过去！"屠夫叉开双腿，往韩信眼前一横。

"哈哈哈，胆小鬼，你到底敢不敢刺啊？"几个屠夫又在旁边煽风点火。

韩信一只手紧紧攥成拳头，一只手牢牢握着剑柄。他死死盯住屠夫的眼睛，然后趴到地上，匍匐着从屠夫身下钻过去。

　　"哈哈哈！哈哈哈！快来看，快来看，韩信从我裤裆底下钻过去，让我当马骑啦。嘚儿——驾，嘚儿——驾，吁——"屠夫得意地大叫。

　　看热闹的人越来越多，把市场围得水泄不通。大家都讥笑韩信："人穷志短，马瘦毛长，瞧他那没出息的样子，真是无药可救啊。"

　　这风言风语太刺耳了，韩信哪能听不到？可他一句话没说，爬起来抖抖身上的土，就离开了。

　　不久韩信离开淮阴城，参了军。他先投奔起义军首领项梁，又转到项羽麾下，最后因相国萧何的全力举荐，得到汉王刘邦重用，受封大将。

　　在十数年的军旅岁月中，韩信不辱使命，立下赫赫战功。他既懂战略，也懂战术，善于用兵，百战不殆。暗度陈仓、十面埋伏、四面楚歌这些经典的战争故事，都和他有关呢。

　　就这样，那个曾经被人百般嘲笑的淮阴穷小子韩信，凭借自己杰出的军事才华，帮助刘邦击败项羽，夺取江山，一步步走向人生巅峰，成了西汉的开国大功臣。

　　后来，韩信衣锦还乡，找到救助自己的老妇人，送给她千金；又找到欺负自己的屠夫，封他当了武官。

　　韩信对部将们说："他是个壮士。当年他侮辱我时，我难道不能杀了他吗？可杀了他又有什么意义呢？正因为当年的胯下之辱，我才更坚定了想要出人头地的决心，才有了今日的成就啊。"

忍得一时胯下之辱，终成千古开国名将。后人十分赞赏韩信忍辱前行的品质，将他奉为能屈能伸的大丈夫典范。

头脑风暴

小朋友，故事讲完了，我们来做个头脑风暴吧——做大事的人，要能屈能伸，还是宁折不弯？

能屈能伸，是说一个人处在逆境时，能忍耐和避让；机会来临时，又能伺机而动，成就大事。在中国历史上，卧薪尝胆而灭吴的越王勾践、遭受膑刑而著兵法的军事家孙膑、遭受腐刑而著《史记》的司马迁，都是能屈能伸的大丈夫呢。

宁折不弯，也是一种处世态度。就像白杨木受到外力作用，只会折断而不会弯曲变形一样，一个人若是宁死也不妥协，就是宁折不弯。历史上这样的人也不少。商朝灭亡后，伯夷、叔齐誓死不做西周臣子，两人不食周粟，绝食而死，很有气节。

成大事者，是要能屈能伸，还是宁折不弯？小朋友，你的观点是什么呢？你能想一想、说一说吗？

力不从心

坐镇西域三十年，班超有什么奇策？

成语 力不从心

含义 心里想着做某事，但是能力或力量不够。

智慧热身

少小离家老大回，乡音无改鬓毛衰。

儿童相见不相识，笑问客从何处来。

这首《回乡偶书》，是唐代诗人贺知章写的。贺知章年少时离家远游，暮年才辞官回到故乡，虽然乡音未改，可早已两鬓斑白。看到这个牵着瘦驴、驮着包袱的陌生老头，路边玩耍的孩童笑嘻嘻地问："这位客人，您是打哪儿来的呀？"

此时的老人，心中一定五味杂陈。唉，离开实在太久太久了，自己早已反主为客，成了被故乡遗忘的异乡人。久客他乡的伤感，久别回乡的亲切，一丝丝涌上心头。

中国人讲究落叶归根，年轻时在外打拼，年老了一定要回到自己生长的地方，喝一口故乡水，吃一口家乡饭，心中才会安宁。

平头百姓如此，文人墨客如此，南征北战的国家英雄也是如此。

成语故事

荒凉的大漠，一位年迈的老人颤颤巍巍拄着拐杖，向着玉门关的方向，焦灼地眺望。

四十岁时，正值壮年的他奉朝廷之命联通、镇守西域。光阴荏苒，年华飞逝，这位令匈奴胆寒心惊的军事外交家也没能逃过岁月的刻刀，变得皓首苍颜、老态龙钟。掐指一算，步入古稀之年的老人，离开故乡已经整整三十一年了。

想当初，强大的北匈奴控制着西域大大小小十几个国家，阻断了它们和汉朝的往来，还经常骚扰汉朝边境，挑起纷争。他果断投笔从戎，远征匈奴，又凭借"不入虎穴，焉得虎子"的大勇气、大智慧出使西域，平定五十多个国家，保护了丝绸之路的畅通和汉朝的安全，促进了民族融合。功勋卓著的他，被东汉皇帝封为"定远侯"，长久驻扎在西域。

他，就是班超，东汉时期赫赫有名的军事家、外交家。

班超将一生的心血都留在了西域，可再厉害的英雄也有老去的一天。像秋日里一片摇摇欲坠的枯叶，年迈的他，越来越思念自己的根，想回到遥远的故乡。

班超给皇帝写过一封信，表达了自己落叶归根的心愿："狐狸死的时候，头总要朝向它出生的山丘。北方所产的马，总是怀恋北边吹来的风。像它们一样，我年纪越来越大了，非常思念故乡，希望陛下能调我回去。"

可这封信呈上去三年，却石沉大海，没有丁点回复。想必，是皇帝觉得西域太重要了，不能缺了班超，不舍得放他走吧。

班超的妹妹班昭是位史学家，她明白哥哥的心意，也写了一封奏折，请求皇帝将哥哥召回朝中。她写道："班超已经七十多岁了，头发白了，眼睛花了，耳朵背了，手脚都不听使唤，只能拄着拐杖走路。万一西域发生暴乱，以他现在的身体，一定是力不从心，想招架也招架不住。这样下去，国家的长治之功、将士的胜利果实都会遭到损害，实在令人痛心……我们兄妹情深，一想到哥哥死后葬在那遥远的荒野，我也十分伤感……"

皇帝被这封言辞恳切的奏章深深感动，便点了头，将班超召回朝中。

公元 102 年 8 月，班超老泪纵横地踏上了故乡的土地。回洛阳仅一个月，他就因为病情加重去世了。皇帝赞赏班超为国家所做的贡献，派使者参加了他的葬礼，还给予了丰厚的赏赐。

兄长年岁已高，
请求皇帝让兄长回家吧。

　　风云外交三十年，叱咤西域的定远侯的人生从此谢幕，可他的丰功伟绩却从未被时间的流沙所掩埋。在他曾经驻守的大本营遗址上，人们修建了一座威风凛凛的班超像和三十六名勇士像，重现了那段深入虎穴、开疆拓边的划时代壮举。

头脑风暴

　　小朋友，故事讲完了，我们来做个头脑风暴吧——坐镇西域三十年，班超有什么奇策？

　　班超还朝前，新的西域都护任尚问他："您镇守西域三十多年，有什么好的经验吗？"

班超回答："我老了，脑筋不好使了，比不上您。可既然您问到，我就说几句拙见吧。塞外的屯兵本来就不是孝子贤孙，大都是因为犯了罪才被发配来的。蛮夷的心思也如鸟兽，很难真正驯服。您做事严厉急躁，可水太清就没有大鱼，管太严就不得人心。所以，希望您能抓大放小，紧抓重点就行了，小过失从宽处理，不要搞得大家太紧张。"

任尚私底下撇撇嘴说："嗨，我还以为班超有什么奇策呢，不过如此嘛。"

任尚的确没管理好西域。他上任后没几年，西域各国就发生了暴动，班超倾尽心力换来的长久和平，就这样被打破了。

呕心沥血

焦思苦吟的诗中鬼才，文章写得有多好？

成 语 呕心沥血

含 义 呕出心，滴出血，形容费尽心血。

智慧热身

中国历史上有个朝代，从王公贵族到平头百姓，人人都有文艺范儿，有事没事就爱写诗吟诗。小朋友，你猜出这是哪个朝代了吗？

没错，这就是唐朝。

唐朝有名的大诗人可多啦——"诗仙"李白，他的诗豪迈奔放，富于浪漫主义色彩；"诗圣"杜甫，他的诗忧国忧民，饱含现实主义情怀；"诗佛"王维，他的诗美得像画，流淌着灵动的禅意；"诗鬼"李贺，年纪轻轻，写出的诗却诡谲凄异，渗透出苦涩的悲冷。

写诗作文离不开灵感。李白斗酒诗百篇，长安市上酒家眠。

据说，"诗仙"李白特别爱喝酒，一喝酒就灵感乍现，文思泉涌，好诗一篇接着一篇。那么"诗鬼"李贺的灵感，又是从哪儿来的呢？

成语故事

当东方刚刚泛起鱼肚白，瘦弱的李贺就背起破旧的书袋，牵着毛驴，带着书童，轻手轻脚地出了门。

李贺的远祖是唐高宗李渊的叔父，家族曾显赫一时。传到他这辈时已是唐朝中期，家道早就没落。家境不好、身体不好、运气也不好的李贺，却写得一手好诗，就连大文豪韩愈都对他称赞有加。

李贺写诗，不喜欢事先拟好题目，而喜欢边走边看，边走边想，边走边写，随性随心。白天，他骑着毛驴四处游逛，遇到有趣的事情，就随手将诗句记在纸片上，投进书袋里。晚上回到家，他顾不上吃饭，赶紧把写好的纸片全摊在桌上，借着微弱的灯光，一句一句整理，一字一字润色，将零散的诗句整合成完整的诗歌。

"儿啊，这三更半夜的，你累了一天，快快休息吧。"看到儿子为写诗连觉都不睡了，母亲十分担忧。

"母亲，我得把这些诗都整理完，方才安心啊。"李贺指着满桌案的纸片，止不住咳嗽。着了恶寒的他早已十分虚弱，却还强撑病体。

"唉，你这么痴迷写诗，难道是要写到把心都呕出来，才肯停笔吗？"母亲心疼得掉下眼泪。

　　铁杵磨成针，功到自然成。勤奋的李贺苦功夫没有白费，诗歌造诣越来越高。他一生写了二百多首诗歌，有的发出了渴望建功立业的呐喊，有的宣泄了怀才不遇的悲愤，有的控诉了黑暗现实和腐朽统治……李贺的诗歌语言也很有特色，他最擅长用奇隽峭拔的语言营造出悲冷的氛围，还开创出"长吉体"这种独特的诗体风格呢。

　　可是，诗歌上的成就并没改变李贺悲苦的命运，让他的人生变得更轻松快乐一些。考进士却遭嫉妒者中伤，悲愤离场；勉强做个小官，又被同僚排挤诽谤；长时间的焦思苦吟消耗了太多精力，再加上生活仕途不如意，李贺的身体越来越差了。

二十七岁的一天，久病缠身的李贺留下一沓沓还未整理完的诗稿，在郁郁不得志中溘然长逝。

传说，李贺临终前，一位仙袂飘飘的使者来到他身边，拿着一块刻有远古文字的木板，笑着对他说："天帝建了一座白玉楼，想请你去为楼写记呢。天上的生活很快乐，不会像人间这般痛苦。"不一会儿，伴着轻轻的奏乐声和车马声，房子里升腾起一股烟气，李贺就这样离开了人间。

有人说，像李贺这般才华横溢的诗人，恐怕天上人间都没有几位吧。要不然，天帝怎么会偏偏召唤这个还不到而立之年的年轻人呢？天帝应该是太欣赏他、太喜欢他，看他在世间苦闷，才将他召唤到了自己身边吧。

头脑风暴

小朋友，故事讲完了，我们来做个头脑风暴吧——焦思苦吟的诗中鬼才，文章写得有多好？

知道了"呕心"的来历，那么"沥血"呢？"沥血"的说法来自大文豪韩愈的诗作《归彭城》："刳肝以为纸，沥血以书辞。"意思是用割下的肝做纸，用滴出的血做墨汁，来书写诗文。后来，人们把"呕心""沥血"合到一起，表示做事费尽心血。

李贺呕心沥血写成的诗作究竟有多好？小朋友，请你也来读一读、品一品吧。

雁门太守行

黑云压城城欲摧，甲光向日金鳞开。

角声满天秋色里，塞上燕脂凝夜紫。

半卷红旗临易水，霜重鼓寒声不起。

报君黄金台上意，提携玉龙为君死！

专心致志

晒一天，冻十天，齐宣王为啥让人寒了心?

成语 专心致志

含义 形容一心一意，集中精神。

智慧热身

小朋友，你听过《小猫钓鱼》的故事吗?

猫妈妈带着两个孩子喵喵和咪咪去河边钓鱼。喵喵很认真，不一会儿就钓着好几条鱼。咪咪特别贪玩，一会儿追追蝴蝶，一会儿捉捉蜻蜓，一条鱼都没钓到，只好两手空空回了家。

猫妈妈说:"钓鱼时要专心看着鱼漂，如果三心二意，可就钓不着了。"后来，咪咪又去钓鱼。它记住妈妈的话，不再左顾右盼，终于钓到一条活蹦乱跳的大鲤鱼。

对呀! 不光是钓鱼，做什么事情都要专心致志，才能做好呢。

成语故事

下棋就像打仗，要排兵布阵，要施计用诈，可费脑筋了。

有一种古老的棋类游戏，一方是黑色的军队，一方是白色的军队，黑白两军在画满方格子的棋盘上大战几十回合，谁围占的地盘多，谁就是胜利者。

这么好玩的游戏，究竟是什么？它叫围棋，传说是尧帝发明的。

会下围棋的都是聪明人。很久很久以前，有个叫秋的男子就是全国数一数二的围棋高手。古时候，围棋叫"弈"，下围棋叫"对弈"，因为棋艺十分超群，人们都叫他"弈秋"。

弈秋棋下得有多好？按照现在的说法，就是"围棋专业九段"，是最最顶尖的段位哩。作为赫赫有名的国手，弈秋不光和同行切磋，还开了个围棋学堂，向人传道授业。

一天，两个年轻人慕名登门，想拜弈秋为师，学习围棋技艺。弈秋见他们风尘仆仆地远道而来，心思诚恳，就高兴地收下两个徒弟。

开始上课了。弈秋是位负责任的好老师，他知无不言，言无不尽，耐心讲解，仔细演示，将棋艺毫无保留地分享出来。

一个徒弟学得特别认真。上课时，他眼睛睁得大大的，目不转睛地盯着棋盘，生怕漏掉一丁点知识。他边听边记边思考，遇到不懂的马上提问。下课后，他也不去游玩交友，而是闷在屋里反复琢磨，反复练习。

另一个徒弟就没这么用心了。他一会儿看看棋盘，一会儿瞅瞅窗外，望见大雁群从空中飞过，竟然馋出了口水。他乐呵呵地想："嘿嘿，这大雁的肉，肥嫩嫩，油滋滋，一定很鲜美吧？我怎么才能搭弓射箭，把它们射下来呢？我能射中几只？射下来的大雁，是烤着吃好，还是煮着吃好？拔下来的大雁毛，我再做几把羽扇，夏天扇风多凉快呀。"

他光顾着胡思乱想了，课堂上的围棋知识他听得零零散散，老师提问，他也回答得结结巴巴。

寒来暑往，两人学习的时间不短了。一天，弈秋想检验一下徒弟的学习成果，就摆出棋盘，让二人对弈一局。

学习专心的徒弟，头脑清晰，落子果断，攻守有序，步步为营。而总开小差的徒弟，脑子里仿佛有一团乱麻，前半段凭借点功底还能勉强应对，越往后越招架不住，狼狈得抓耳挠腮，冷汗直流。

看着自己的棋子一个个被吃掉，地盘一个个被攻破，他像泄了气的皮球，一下子瘫坐在那里。不用猜，他输得很惨。

弈秋语重心长地对二人说："你们两个来的时候，下棋水平不相上下。可现在，一个棋艺大增，一个却停滞不前。同样的老师，同样的课堂，同样的知识，为什么学习效果如此悬殊？是智力不如人吗？当然不是。下围棋虽然只是一种小小的技艺，不算什么大本事，可如果不专心致志，也是学不好的啊。"

开小差的徒弟知道老师是在批评自己，羞愧得满面通红，恨不得找个地缝钻进去。

头脑风暴

小朋友，故事讲完了，我们来做个头脑风暴吧——晒一天，冻十天，齐宣王为啥让人寒了心？

"专心致志"的故事，是战国时代的孟子讲的。他为什么要讲这个故事呢？

那时候，齐国的齐宣王头脑昏庸，做事缺乏毅力，常常被小人蒙骗。孟子游历到齐国后，经常给他提意见却总不被采纳，就离开了。

有人对这件事议论纷纷。孟子听闻，解释道："这有什么难理解的？即使是天下最容易生长的植物，曝晒一天，再冰冻十天，它也活不了。大王耳根子软，听了我的建言刚有点决心，我一走，他就又被奸臣蒙骗了。大王不能专心致志听我的话，我再努力也没用。这就像弈秋教人下棋一样啊……"

从孟子这番话中，就衍生出"一曝十寒"和"专心致志"两个成语典故。

成语游戏

肚子里的大学问

人的身体里有好多器官，比如心、肝、肺、胆，还有骨头、肌肉和血液。它们组成了一个复杂又庞大的系统，维持着人体的正常运转，帮助人们保持健康。要是哪天哪个器官不好好工作了，人就会生病啦。

人们虽然看不到这些藏在身体里的器官，但是明白它们有多重要，便用它们造出不少含有褒扬意义的成语。比如：披肝沥胆，形容非常忠诚；龙肝凤髓，形容珍贵的食物；一心一意，形容心思专一。

瞧，这些成语多么高尚、多么好听啊！

小朋友，请你从下面选出恰当的字，组成带有人体器官的褒义成语，看谁组得又快又好。

专	蕙	脉	推	灵	手	腹	神	貌	丹	风	肌
卧	尝	忍	颤	梦	心	照	侠	义	薪	赤	仙
胆	相	骨	道	质	碧	血	脸	铮	致	志	铁
方	兰	刚	忠	冰	气	流	肝	巧	玉	臂	咀

才貌的成语

城北徐公

骨鲠之臣怎样巧劝君王纳谏?

成语 城北徐公

含义 战国时期齐国姓徐的美男子,后作美男子的代称。

智慧热身

小朋友,你爱美吗?

中国古代有四位奇女子——西施、王昭君、貂蝉和杨玉环,她们拥有沉鱼落雁、闭月羞花的容貌,被盛赞为"四大美女"。

中国古代还有四位奇男子——战国辞赋家宋玉、晋朝文学家潘安和玄学家卫玠，还有北齐的兰陵王。才貌双全、端庄儒雅的他们，是公认的"四大美男"。

明明可以靠脸，却偏偏要靠才华的他们是天生的大明星，走到哪儿就把骚动带到哪儿。尤其是头号美男子潘安，他驾车走在洛阳城中，从还未出阁的少女到白发苍苍的老妪，都疯狂地朝他车里塞果子，表达爱慕之情。直到现在，要是一个男子长得俊俏，人们还会用"貌若潘安，美如宋玉"来夸赞他呢。

今天，我们就来讲一个和美貌有关的故事。故事主人公也挺美的，他和人比美，比来比去，竟然比出个更强大的国家。

这是怎么回事呢？

成语故事

俗话说，一个篱笆三个桩，一个好汉三个帮。用在治国理政方面，若是国君英明，再有贤臣辅佐，真是想做不成大事都难啊。

战国时，齐国国君齐威王就特别幸运，招揽了三个得力助手：擒敌立胜的大将军田忌、运筹帷幄的大军师孙膑、精明强干的大相国邹忌。

邹忌本是个名不见经传的小角色，因为用琴的五音做比喻，将治国理政的大道理讲得透彻，深得威王赏识，不久就封侯拜相，成了执掌齐国大权的二号人物。

他也没辜负这份厚爱，开始大刀阔斧地改革。修订法律，提拔能臣，扫除奸佞，慢慢地，齐国的政治风气越变越好。

口才好，有见地，借小故事影射大道理，这可是邹忌的拿手好戏。这个看家本领，在劝说齐威王纳谏时又派上了用场。

邹忌生得身材修长，容貌俊美，是个仪表堂堂、风度翩翩的大帅哥。一天早晨，他穿好衣，戴好冠，对着铜镜照来照去，欣赏自己俊俏的脸庞。

"镜子镜子告诉我，谁是这城里最漂亮的男人？是城北徐公，还是我？"徐公，是住在齐国首都临淄城北的一位美男子，全城人都知道他。

镜子哪儿会开口说话，倒是妻子一脸崇拜："当然是夫君您更美了，徐公比您差远了。"

邹忌不太自信，又问小妾："我和城北的徐公相比，谁更美？"

"当然是老爷您更美了，徐公怎能和您相比？"小妾小心翼翼地回答。

次日来了个客人，谈话间，邹忌又问："我和城北的徐公相比，谁更美？"

"徐公八分美，您十分美，当然更胜一筹。"客人满脸堆笑。

又过了一天，徐公来了。邹忌仔仔细细将他打量一番，自叹不如。再去照镜子，越发觉得站在徐公面前，自己就像个丑八怪。

夜深了，他躺在榻上感慨万千："原来，妻子说我美，只是偏爱我罢了。小妾说我美，只是害怕我罢了。客人说我美，只是有求于我罢了。"

第二天，邹忌早早来到朝堂，将比美的故事讲给齐威王听。

"我有自知之明，知道自己不如徐公美。可妻子偏爱我，小妾害怕我，客人有求于我，就故意讨好我，说我更美。如今咱们齐国，土地方圆千里，城池一百二十座，宫中姬妾哪个不偏爱大王，朝中群臣哪个不害怕大王，国中百姓哪个不有求于大王。由此看啊，大王受蒙蔽已经很严重了。"邹忌说。

"你说得很有道理。从今往后，所有官员和百姓，凡是能当面指责寡人过错的，得上等奖赏；凡是能上书劝谏的，得中等奖赏；凡是能在公共场合议论寡人过错、让寡人知道的，得下等奖赏。"齐威王说。

一石激起千层浪，齐国上上下下沸腾起来。政令刚下达时，王宫大门都被进谏者踏破了，庭院比菜市场还热闹。几个月后，偶尔有人进谏。一年后，即使再想进谏，也没什么可说的了。

听说齐国内政修明，几个邻居都坐不住了。燕国、魏国、韩国、赵国纷纷派遣使者入齐，恭恭敬敬拜倒在朝堂之上。

齐威王从邹忌比美的故事中得到启发，广开言路，虚心纳谏，从而治理好内政，增强了国家力量。不费一兵一卒，就让敌国臣服于自己，真是管好自己就能赢得世界的历史典范呢！

头脑风暴

小朋友，故事讲完了，我们来做个头脑风暴吧——骨鲠之臣怎样巧劝君王纳谏？

邹忌生活在两千多年前的战国时代，那时可没有什么玻璃镜子，他用来整理仪容的，是一种古老的铜镜。而在更久远的时候，先民们就对着一盆水，映照自己的影子。原来，水是最早的镜子啊。

古人可喜欢照镜子了，镜子不光能照脸，还有更伟大的用处。

唐太宗说："以铜为镜，可以正衣冠；以古为镜，可以知兴替；以人为镜，可以明得失。"对他来说，骨鲠之臣魏徵就是一面最明净的人镜，能一览无余地照出自己的得与失。魏徵去世后，唐太宗哭得最伤心了："呜呜呜，魏徵没了，朕的镜子碎了。"

别人眼中的比美这种小事，在更具忧患意识的邹忌眼中，却是关乎治国理政的大事。如果还用镜子打比方，那邹忌也不愧是一面干干净净、亮亮堂堂的人镜啊。

东施效颦

沉鱼美貌，怎么成了复国利器？

成语 东施效颦

含义 比喻盲目模仿，效果很坏。有时也作自谦之词，表示自己根底差，学别人的长处没有学到位。

智慧热身

小朋友，如果一个女人长得美，你会怎样夸赞她？一定是"沉鱼落雁，闭月羞花"吧。那你知道沉鱼、落雁、闭月、羞花，分别指的是中国古代哪四位美丽的女子吗？

"落雁"说的是王昭君，她奏起悲壮的离别曲，引得南飞的大雁低头回望，顾不得扇动翅膀，跌落在地。"闭月"说的是貂蝉，她到后花园拜月，皎洁的明月也比不过她清丽的容貌，赶紧躲到了云后。"羞花"说的是杨玉环，回眸一笑百媚生的她，令花儿都羞愧得蜷曲起来，不敢争艳。

咦，位于四美之首、拥有沉鱼之貌的那位女子又是谁呢？

成语故事

春秋时期，越国有一位美丽又聪慧的姑娘，名字叫西施。

西施虽然是个村姑，却生得明眸皓齿，粉面桃花，走起路来步步生莲，袅袅婷婷，一颦一笑、一举一动都迷人极了。她在水边浣纱，看到她俊俏的倒影，水中的鱼儿都忘记了游水，沉到水底。

从此啊，西施"沉鱼之貌"的美名就传遍了十里八乡。不论老的少的、美的丑的，人人都仰慕西施倾国倾城的容貌。尤其是那些天生爱美的女子，做梦都想化茧成蝶，蜕变成西施的样子。

西施虽然美，身体却不太好，时不时会犯心口痛的毛病。一天，她从溪边浣纱回来，老毛病突然又犯了。她只好用手按住胸口，愁眉蹙额，迈起柔弱的细步。村里人看见了啧啧称赞，觉得相比往常，西施今天的模样更平添了一分妩媚的风姿。

村里还住着一个叫东施的女子，长得五大三粗、丑头怪脸的，十分难看。听说西施比原来更漂亮了，东施又羡慕又好奇，就偷偷跟在她身后，想看看怎么才能越变越美。

看到西施手按胸口、愁眉蹙额的模样惹人怜爱，东施暗自琢磨："嗨，这一点也不难嘛，只要照着西施的动作去做，我也能变成大美人呢。"

于是，东施赶紧有样学样，模仿起西施的动作。她本来就有点驼背，现在捂住胸口，身子就更直不起来了。她本来五官就不端正，现在眉毛拧到一起，脸庞就更扭曲了。真是画虎不成反类犬啊，可东施还不自知地得意扬扬："这下我比西施还美了，大家肯定会夸赞我的。"

照样学样

她走到邻居家门前喊道："喂，你说说，是我美呢，还是西施美呢？"看到她怪模怪样的，邻居一句话没说，吓得赶紧关上院门。

她又扯住一个路人的胳膊："喂，你说说，是我美呢，还是西施美呢？"路人厌恶地甩开她，拉着妻子儿女远远躲开了。

一路上，东施见到谁，就穷追不舍地问谁。不用想，大家都像躲避瘟神一样躲着她，根本没人愿意瞧她个正眼儿。

效颦的东施失落地站在路边，抓耳挠腮，左思右想，却怎么也想不明白这件事——为什么西施捂着胸口、皱起眉头就很美，而自己的动作明明模仿得丝毫不差，却没有一个人夸赞自己呢？

头脑风暴

小朋友，故事讲完了，我们来做个头脑风暴吧——沉鱼美貌，怎么成了复国利器？

同出塞和亲的王昭君、不知所终的貂蝉以及命丧马嵬坡的杨玉环一样，美丽的西施也没能远离政治斗争的旋涡，一生的命运十分坎坷。

朝为越溪女，暮做吴宫妃。西施出生在贫寒的农家，父亲以打柴为生，她很小时就到溪水边浣纱洗衣，帮母亲分担活计。后来，西施因为貌美被卧薪尝胆、谋求复国的越王勾践看中，一番调教之后，献给了他的仇敌吴王夫差，成了夫差的妃子。西施遵照勾践的命令上演了一出美人计，令夫差沉溺于美色，荒废了朝政，最终协助越国完成了灭吴的任务。

把美貌变成了武器的西施忍辱负重，以身许国，结局又是怎样的呢？谁也说不清。有人说，西施归隐了，也有人说，西施被沉江了。不管怎样，可爱又可怜的西施都成为中国人心目中美的化身，给后世留下了谈之不尽的千古佳话。

江郎才尽

文人睡觉，什么东西常入梦？

成 **语** 江郎才尽

含 **义** 江郎的才华用尽了。比喻才思枯竭。

智慧热身

"写不出好文章了？怕是江郎才尽了吧。"

"拍不出好电影了？怕是江郎才尽了吧。"

"画不出好画了？怕是江郎才尽了吧。"

小朋友，你知道吗？倘若一个人的才思枯竭，能力大不如前，往往会被贴上"江郎才尽"的负面标签。和"黔驴技穷"中那只倒霉的驴子一样，这个叫江郎的人，也没能逃过人们热辣辣的嘲讽和阴阳怪气的调侃。

江郎是谁？江郎的才华为什么会"枯竭"？对于这个问题，我们还得从文房四宝——笔墨纸砚中的"笔"说起。

成语故事

东晋灭亡后，中国南方陆续出现宋、齐、梁、陈四个政权，它们合在一起，被人们称为南朝。

江淹，就生活在这个政权迭替的动荡岁月里。他从一无所有的穷小子，奋斗成南朝文学圈、政治圈中的名士，可多亏了他的好文笔呢。

江淹出身低微，家境贫寒，小小年纪就没了父亲。他十分懂事，每天都扛着斧头上山砍柴，帮母亲贴补家用。

个性沉静内敛的他，不喜欢和朋友们玩闹。闲下来时，他总独自蹲在柴房埋头看书，看了一本又一本。这些书，都是当小官的父亲遗留给他的。日积月累，小江淹学到不少文史知识，肚子里喝饱了墨水。

读书破万卷，下笔如有神。成为文学青年后的江淹，书写出《恨赋》《别赋》这样既悲慨劲健又清丽脱俗的佳作，代表了当时辞赋的极高水平。

凭借过人的文采、渊博的知识和敏锐的政治头脑，江淹在仕途上也闯出一片天地，官越做越大，一直做到醴陵侯的高位，有了四百户的食邑。

江淹的好文笔，不仅是他光明前途的起点，还在危难之时救过他一命呢。建平王刘景素也是个文学青年，十分欣赏江淹的文才，就招他在自己手下做事。后来，有人犯了罪，江淹被污蔑成贪污钱财的同党，被逮捕入狱。在牢中，江淹写了一篇文章，上书给刘景素陈述冤情。文章字字在理、句句恳切的言辞令刘景素十分动容，当天就释放了他。

这么敏捷的才思、这么优美的文笔，怎么偏偏就"枯竭"了呢？有一个流传很广的说法，是这样的：

江淹去宣城任职，路上做了个奇怪的梦。梦中，一位陌生男子来到他跟前。男子穿着飘逸的青布衫，容貌俊朗，儒雅又斯文，他笑着说："江公，我叫郭璞。我有一支笔在您怀中放了很多年，现在能还给我了吗？"

江淹在怀里摸来摸去。咦，还真有支毛笔。笔不大却很精致，周身散发出五色的光晕，仿佛不是世间寻常之物。

"这笔……我为何从没见过？它又为何藏于我身？"江淹惊诧极了。

"虽然您没见过，但它一直跟随着您，您也离不开它。瞧，您的文章不是写得很好吗？"郭璞又笑了笑。

江淹半信半疑地将笔递给郭璞，怔在了原地。再看郭璞，早已乘着一片玄云飘飘悠悠飞走了。

自从做了这个还笔的怪梦，江淹作文的水平就急转直下，不仅下笔前要苦思许久，写出的诗歌辞赋也平淡无奇，一点都不精彩了。

好事的人们纷纷撇嘴说："这江淹，官倒是越做越大，文章却是一篇不如一篇，真是日暮穷途、江郎才尽了啊！"

头脑风暴

小朋友，故事讲完了，我们来做个头脑风暴吧——文人睡觉，什么东西常入梦？

古代文人的书房中，绝对不能少了笔墨纸砚这文房四宝，它们是最重要的书写绘画工具。尤其是笔，古人珍爱毛笔，就像珍爱自己的老朋友，即使毛笔用久了破旧不堪，也舍不得丢弃，而是将它们包裹好后妥帖埋葬。

文人对毛笔有种特殊的情结，他们写诗时会咏笔，相见时会赠笔，就连做梦时都会梦到毛笔。

唐代大诗人李白做过一个怪异的梦。梦中，他拿着毛笔写字，笔头突然开出一朵朵美丽芬芳的鲜花。鲜花又落回纸上，变成一个个黑黑的墨字。就这样，文思泉涌的李白不停地写啊写，写出了一篇又一篇美文佳作。

才华卓越的东晋名士王珣也做过一个离奇的梦。梦中，有人送给他一支好大好大的笔，像屋顶的椽子一样粗、一样长。醒来后，他对家人说："我梦到得了支椽子粗的笔，看来，是有大手笔的事情要我做了。"果然当天上午，皇帝突然驾崩了，文采出众的王珣被派去起草哀策（颂扬皇帝生前功德的祭奠文章，刻在玉石竹木上，读后埋进陵墓中）和溢议。这件非同小可的大差事，只有相当厉害的人才有资格和能力担任呢。

这两个梦笔的故事，就是"妙笔生花"和"大笔如椽"。前一个比喻写作的笔法高超，后一个比喻文笔雄健有力，文章气势宏大。

其貌不扬

口才好，点子多，相貌平平又何妨？

成语 其貌不扬

含义 多形容人的相貌普通，不漂亮。

智慧热身

小朋友，你会以貌取人，根据外貌来判断一个人有没有才能吗？

璞玉未经琢磨，看起来就是一块普通的石头，要是光看外表，可就错失了宝贝。同样，有些人金玉其外却败絮其中，有些人貌不惊人却内有乾坤。要是光看外表，可就错失了良才。

史上最有名的璞玉，恐怕就数和氏璧了。而说到史上其貌不扬却满腹才华的人，一定绕不开那位叫晏子的矮个儿外交家。

他的外交手腕，究竟有多高明呢？

成语故事

三千多年前，东部濒临大海的地方有一个富庶的诸侯国，名叫齐国。

齐国能称霸一方，既归功于明君的奋起，也少不了贤臣的支招。在一代名相管仲去世百余年后，齐国又出了个十分厉害的大臣，他就是晏婴，人们都尊称他为晏子。

晏子辅佐灵公、庄公和景公三代君王，足智多谋，能言善辩，是个了不起的政治家和外交家。晏子哪儿都好，可就是长得不起眼，相貌平平，个头也不高，是个短脖子短胳膊短腿儿的"矮冬瓜"。

有一次，齐国遭遇晋国威慑，齐王派晏子出使楚国，以求两国交好，共御强敌。齐国是春秋时期的老牌大国，楚国则后来者居上，国力正盛。听说使者是个五短身材的人，楚王打算故意羞辱他，借此灭灭齐国的气势，长长楚国的威风。

晏子千里迢迢赶到楚国，刚到城门口，就碰上个下马威。放着高大的正门不让走，楚王命侍从在边上开了个又窄又矮的小洞，让他从这里进去。

"出使狗国的人，才会从狗洞里进进出出。我来自堂堂正正的楚国，怎么能钻这个狗洞呢？"晏子摆摆手，站定不动。楚王侍从自知理亏，只能遵照外交礼节，规规矩矩地请晏子从大门进了城。

一招不成，楚王又使出第二招。待晏子进宫拜见，他就奚落道："哎哟哟，齐王怎么派你当使臣啊？难道齐国已经内力空虚，无人可用到这种地步了吗？"

晏子笑着说："齐国都城临淄有七千多户人家。全撑开衣袖，能遮住天上的云霞。一人甩一把汗，能浇灌干涸的田野。人们肩并肩，脚靠脚，怎么能说齐国没有人呢？"

"既然这样，怎么不挑个像样的人来？"

"大王，您还不知道吧？齐国派遣使臣，有一条不成文的规矩。贤明的使臣出使强大的国家，拜见贤明的君主；不肖的使臣出使弱小的国家，拜见不肖的君主。我既无能又丑陋，最不受待见，就只能出使楚国了。"

瞧，晏子略施小计，就把这盆"脏水"给泼了回来，自讨没趣的楚王真是哑巴吃黄连，有苦说不出呀。

"这个晏婴，嘴巴太厉害了，两次都给我顶了回来。我得再想个法子，让他下不来台。怎么办好呢？嘿嘿，有了！"

迎客的宴席上，觥筹交错，推杯换盏，有乐师和舞姬表演助兴，气氛还算融洽。这时，两名官吏押解着一个灰头土脸的人走上来。

"咦，这人犯了什么罪，才被如此五花大绑？"楚王故作惊讶。

"大王，他是齐国人，偷了咱们店铺的珠宝，犯了偷盗之罪。"

"哎哟哟，原来齐国人见识这么短，喜欢偷东西。"楚王挑衅地看着晏子，"您说是不是啊？"

这楚王自导自演的一幕，明眼的晏子早就看穿了。若不予理会，楚王必定会蹬鼻子上脸，说出更多难听的话，诽谤齐国人。若针锋相对，不给楚王留面子，那两国结交的大事恐怕就黄了。怎么应对才能既维护齐国的尊严，又不至于得罪楚王呢？

"大王，您听过南橘北枳吗？橘树生长在淮河以南，结出的橘子又大又甜。可移植到淮河以北，橘子就变成了枳，又酸又涩个儿又小，难吃极了。一样的果树，为什么果子的味道大不同呢？是因为水土不同啊。"晏子紧紧盯着楚王，"同样啊，在齐国不偷窃的人，到楚国就成了盗贼，莫非是楚国的水土不好，让人变得善于偷窃吗？"

"这……这……"楚王被噎得无言以对，"你说得很有道理，我和你开玩笑呢，别当真，别当真啊！"

就这样，面对楚王的屡屡刁难，矮个儿外交家晏子只用了短短三段话，就在谈笑自若间令对方知难而退，不敢再看扁自己和齐国了。他的讲话艺术和外交才能，是不是特别高超和精湛呢？

头脑风暴

小朋友，故事讲完了，我们来做个头脑风暴吧——口才好，点子多，相貌平平又何妨？

"晏子使楚"的故事，让我们认识了一个舌灿莲花的晏子。而"二桃杀三士"的故事，则让我们看到了一个老谋深算的晏子。

相传，齐国大将公孙接、田开疆和古冶子战功赫赫，恃宠而骄。

晏子怕三人势力越来越大，威胁齐王的统治，便想出一计。

　　他拿出两个桃子，让三人比功劳，功劳大的能得到一个桃。三人吵吵嚷嚷，谁都不服谁，起了内讧。公孙接和田开疆先开口表功，一人拿走一个桃。等听完古冶子的功绩，二人觉得自愧不如，让出桃子就自杀了。想到两人因他而死，古冶子也十分羞愧，拔剑自尽了。

　　只用两个桃子，就将齐王身边三个重大的隐患斩草除根，晏子这个"二桃杀三士"的策略，虽然挺残酷无情，却也十分高明啊。

成语游戏

英雄和美人

一个人拥有美丽的容貌，却不一定拥有美丽的心灵；可如果一个人内心善良，他面庞所展现出来的，一定也是慈眉善目的美好模样。所以，美丽与不美丽，可不光是看眼睛大不大、鼻子高不高这么简单哟。

下面这些古人，不仅样貌很有特点，还拥有或勇敢、或仁爱、或忠诚的美丽心灵，为自己的国家做出过贡献。聪明的小朋友，请你给他们连连线，看看他们对应哪些成语，都有哪些故事。

王昭君	用照镜子比美巧劝君王纳谏	南橘北枳
西　施	蜀汉名将、孔武有力的大嗓门	城北徐公
晏　婴	塞外和亲，维护国家的安定	粗中有细
张　飞	挫败楚王想羞辱齐国的伎俩	沉鱼落雁
关　羽	帮助越王勾践完成复国大业	单刀赴会
邹　忌	蜀汉名将、威震华夏的美髯公	东施效颦

情绪的成语

爱屋及乌

古代战败的俘虏，会有怎样的命运？

成语 爱屋及乌

含义 因为爱一个人，连带爱他屋顶上的乌鸦。比喻爱一个

人而连带关心到与他有关的人或物。

智慧热身

　　小朋友，中国文学史上有部叫《封神演义》的小说，你有没有看过？如果你看过的话，一定知道武王伐纣的故事吧？

　　商朝末代君主纣王是个残酷无情的人，他统治早期曾为国家开疆拓土做出不少功绩，到了后期却惹得国内矛盾重重，民怨沸腾，最终众叛亲离亡了国。

　　武王是怎样打败纣王的？既然恨死了纣王，改朝换代后，武王又怎样对待纣王留下的子民？请你来听听下面这个故事吧。

成语故事

　　富丽堂皇的鹿台之上，一边是珍馐美酒，一边是轻歌曼舞，纣王和宠妃在这里通宵达旦纵情享乐，全然听不到亡国的丧钟已经敲响。

　　鹿台雕檐碧瓦，高耸入云，镶满宝石和明珠，比天上的瑶池还要华美。它是纣王搜刮了数不清的民脂，征用了数不清的壮丁，花了七年时间才盖好的。纣王又蓄满一池子酒，吊起一块块肉，造出个酒池肉林供自己享乐。他还听信小人谗言，杀死忠心的丞相比干，囚禁贤能的太师箕子，罢黜正直的大臣商荣，用可怕的炮烙之刑来害人。各路诸侯心惊胆寒，都纷纷远离了他。

　　西伯侯姬昌一心想替天行道，讨伐纣王。和纣王不一样，姬昌很爱护自己的子民，做了不少善事。

　　有一次，姬昌派官吏修建池塘，挖着挖着，挖出一具死人的枯骨。官吏说："这是无主尸骨，就把它扔在荒野中吧。"

　　姬昌生气地说："这枯骨埋在我姬昌的土地上，就是我姬昌的子民，怎么能说没有主人呢？"他命人打了副上等的棺材，将枯骨风光厚葬。

百姓纷纷传颂姬昌葬朽骨的事迹："连死去的人都能如此厚待，何况是活着的人呢？姬昌真是位仁慈的君主啊。"

姬昌去世后，伐纣的重任落到了儿子武王肩上。武王和姜太公、周公、召公等贤臣齐心合力，令周国越来越强大，足以同纣王一拼高下。

公元前1044年，武王率各路联军向朝歌进发，同纣王军队在牧野打响了决战。纣王临阵磨枪，连奴隶也被拉到战场上凑数。受尽虐待的奴隶们早就恨透了纣王，纷纷临阵倒戈，反过来攻打朝歌。

在强大攻势下，纣王军队丢盔弃甲，溃不成军。穷途末路的纣王仓皇逃上鹿台，披着满身的宝玉珠衣自焚而死。

武王攻下朝歌，却遇到一个棘手的难题——该怎么处置商朝的遗民呢？

姜太公说："有句话叫爱屋及乌。喜欢一个人，连他家房顶上不吉利的乌鸦也会跟着喜欢。憎恨一个人，连他家的篱笆墙壁也会跟着讨厌。纣王罪大恶极，他的遗老遗少也好不到哪儿去，何不全都杀掉呢？"

武王眉头紧锁："这样太极端、太残忍了。"

召公说："把有罪的杀掉，无罪的留下，怎么样？"

武王摇摇头："还是不妥。"

周公说："一切都是纣王的过错，和百姓并无干系，何必大开杀戒呢？依臣之见，您让他们按照原来的方式生活就好了，该种田种田，该筑屋筑屋，什么都不需要改变。只有不计前嫌，施行仁政，百姓才会真心归顺您呀。"

武王点点头："你说得很有道理，这就是我所希望的治国方式啊。"

这位英明的君主修葺了比干的坟墓，释放了被囚禁的箕子，表彰了商荣的家乡，还分封了纣王的儿子，让他好好祭祀老祖宗，延续商朝的香火……凭借一些恩威并施的举措，武王安抚了人心惶惶的商朝遗民，也巩固了刚刚建立不久的西周政权。

头脑风暴

小朋友，故事讲完了，我们来做个头脑风暴吧——古代战败的俘虏，会有怎样的命运？

　　在很早很早以前的商周时候，不同政权间常常发生战争，想掠夺更多的土地和人口。打赢了还好，要是吃了败仗成了俘虏，可就一天好日子都没得过了。

　　战俘的命运可悲惨了。有的会被直接处死，有的虽留了小命却沦为奴隶。奴隶地位卑贱，连牛马都不如。他们平日做苦工，打仗上战场，祭祀时会和牲畜一起被当作牺牲杀掉，主人死后还会被推进坟墓殉葬。

　　商朝征伐其他部落时，带回大批战俘做了奴隶，又在牧野之战中调集他们冲锋陷阵。饱受欺凌的奴隶，哪里还会效忠纣王，都盼着武王赶紧攻城呢。于是，他们纷纷阵前倒戈，改做武王的接应，也就不足为奇了。

乐不思蜀

甘心为虏，不思复国，谁是扶不起的阿斗？

成语 乐不思蜀

含义 比喻在新环境中得到乐趣，不再想回到原来的环境中。

智慧热身

小朋友，你知道吗？在东汉和西晋之间，有一段火药味特别浓的动荡岁月，这就是三国时期。

为什么叫三国呢？那时候有三个强大的政权，一个是地处中原的曹魏，一个是地处西南的蜀汉，一个是地处东南的东吴。它们像鼎的三只脚一样各立一方，三分天下。它们刀光剑影对峙了几十年，历经大大小小的战役，可谁也没能成为最后的赢家。有的被吞并，有的被篡权，最终三分归晋，都被司马家族建立的西晋收入囊中。

三国中第一个灭亡的是谁？亡国的君臣又有怎样的遭遇？

成语故事

公元 223 年，六十三岁的蜀汉开国皇帝刘备，带着深深的痛苦和遗憾，在白帝城的病榻上咽下了最后一口气。

桃园结义的好兄弟关羽、张飞早已化成白骨，夷陵之战中蜀军又被东吴设计火烧连营，一败涂地。这位年迈的老人遭遇了命运之槌接二连三的无情击打，身体再也挺不住了。

刘备一生宽厚仁慈，任贤图治，三顾茅庐才将旷世奇才诸葛亮请出了山。临终前，他颤颤巍巍地握着诸葛亮的手，将太子刘禅托付给这位忠心耿耿的丞相。

十七岁的刘禅还在爱玩的年纪，就这样稀里糊涂地被推上帝位。他继承了父亲仁爱的秉性，却没继承父亲的雄才伟略。不爱钻研朝政的他，大事小事都靠诸葛亮拿主意。

可是，诸葛亮不是神，他也会老，也会死。在尽心竭力辅政十几年、多次率兵北伐中原后，积劳成疾的诸葛亮病逝在行军路上。

就像失去老马的迷途军队，在茫茫荒野中找不到前进的道路，失去老臣的蜀汉，国力越来越孱弱，前途越来越黯淡。公元 263 年，魏军攻破成都，刘禅带着家眷大臣出城投降，蜀汉灭亡了。

魏元帝将刘禅接到洛阳，封了安乐公的爵位，还赏赐不少田宅、锦缎和奴仆。他的家人和旧臣也得到不错的安置。刘禅在洛阳过得十分快乐，丝毫不见亡国之君的悲伤。

那时的曹魏政局也不太平，皇室无能，大权旁落。魏元帝只是个任人摆布的傀儡，国家命脉都落在权倾朝野、心狠手辣的大臣司马昭手中。司马昭很不放心，怕刘禅只是假意归顺，还想伺机复国。

怎样试探他一下呢？

一天，司马昭邀请刘禅和蜀汉旧臣赴宴，席间，故意请舞姬跳了一段蜀地的歌舞。

目睹故乡歌舞，忆起亡国之痛，老臣们都伤心地偷偷抹泪，只有刘禅像个没事人似的，边看边笑边拍手："哈哈，太美了，

太美了，再跳一个。"

司马昭惊诧极了，对大臣贾充说："一个人竟会糊涂到如此地步，真让人不敢相信。就算诸葛亮还活着，也不能保住他的江山啊，更何况是别人呢？"

过了几天，司马昭又去试探："安乐公，你来洛阳这么久，思不思念蜀地呀？"

刘禅乐呵呵地回答："我在这里快活极了，一点也不想家。"

这可把蜀汉旧臣郤正急坏了。他找了个机会，悄悄嘱咐刘禅："要是司马昭再问，您就哭着说'先人的坟墓都远在蜀地，我真是无时无刻不思念故乡啊'。"

刘禅不明就里地点点头。等司马昭又问时，他就将郤正教的原话一字不落背出来，还装作伤心的样子，硬挤出几滴眼泪。

精明的司马昭一下子就看穿了："安乐公，这话可不像你说的哟，倒像是从郤正嘴里说出来的。"

刘禅憨笑几声："是呀是呀，正是郤正教我的。咦，你又是怎么知道的？"见他如此愚钝，魏国的侍从们都捂着嘴偷偷乐。

"这刘阿斗，果真是个没脑子的呆头鹅，怎么扶都扶不起来。看来，我确实可以高枕无忧了。"

经过三次试探，老谋深算的司马昭终于相信，刘禅是真的"乐不思蜀"了。他发出几声轻蔑的冷笑，令人不寒而栗。

头脑风暴

小朋友，故事讲完了，我们来做个头脑风暴吧——甘心为虏，不思复国，谁是扶不起的阿斗？

阿斗是刘禅的小名。作为皇帝，刘禅没什么大本事，即使有诸葛亮这样的贤臣辅佐，也没能保住蜀汉的江山。后来，人们就用"扶不起的阿斗"形容一个人平庸无为，无论怎么帮扶都成不了才。

那么，在世人眼中庸庸碌碌的阿斗，最后怎么样了？

刘禅乐不思蜀，司马昭放松了对他的警惕和猜忌。于是，这位心宽体胖的安乐公在洛阳城里平安度过了晚年，活到六十四岁。这个岁数，在物质条件和医疗条件都不发达的古代，也算是高龄呢。

杞人忧天

和天有关的事儿，都是古人的心病？

成语 杞人忧天

含义 借指为不必要忧虑的事情而忧虑。

智慧热身

从前，有个很小很小很小的小国，名字叫杞国。杞国的土地太小太小了，力量也太小太小了，小的啊，连史书都懒得记载。

话说，周武王建立西周后，四处寻找夏朝开国君主大禹的后代，找到了一个叫东楼公的人，便封他到了杞地，继续祭祀老祖宗大禹。

在之后礼崩乐坏的乱世里，又小又弱的杞国总受人欺负，争也争不过，抢也抢不过，只好不停地迁都避难，到头来还是被楚国"啊呜"一口吞掉了。

杞国没什么名气，国史不值得一提，可有个和它相关的典故却流传了好几千年，妇孺皆知不说，还经常被挂在嘴边使用呢。

小朋友，这个大名鼎鼎的典故，你猜到了吗？

成语故事

很久很久以前，杞国有个男子活得特别辛苦特别累。他总是胡思乱想，用没影儿的事自己吓唬自己。整天提着心，吊着胆，战战兢兢，如履薄冰，不累才怪呢。

邻居丢了斧头，他就犯嘀咕："是不是盯上我了，看我像小偷？"

朋友没来做客，他就发牢骚："是不是生我的气，想和我绝交？"

县正瞪瞪眼睛，他就打哆嗦："是不是我办事得罪了谁，要拿我试问？"

瞧吧，从早到晚，他都是这副忧心忡忡、愁眉苦脸的可怜样。

一天，这个杞国人听到几个人七嘴八舌在聊天。一个人神秘兮兮地说："前天晚上，我看见天上划过几道亮闪闪的银光，紧接着'砰'的一声，一块好大好大的怪石头飞下来，落到我家后院里，差点砸中我的脑袋。"

另一个人附和道："对对，我也看见了，真是个百年不遇的稀罕事。"

杞国人吓了一大跳："屋顶掉木头，房子就塌了。天上掉石头，怕不是这天也要塌了吧？"

他怕站在外面被石头砸，就急匆匆跑回家；又担心房顶不牢固，就藏到床底下；又担心床不结实，就在院里挖了个地洞，万一出了事，就躲进地底下。

天塌了，
千万别砸到我！

"天要塌了，天要塌了，末日不远了。"他再也不敢出门，裹着被子哆哆嗦嗦窝在家里，惶惶不可终日。他吃也吃不好，睡也睡不香，没多久就病恹恹的，爬不起来了。

听说杞国人病得不轻，朋友很担心，赶来看望他。没等朋友吱声，他就大呼小叫："天要塌了，天要塌了，末日不远了。"

朋友哈哈大笑："这天啊，只不过是聚集的气体罢了。气体散布在各处，你的一举一动、一呼一吸就在天里。放宽心，天又不是石头垒的房顶，是不会塌下来的。"

"那太阳、月亮和星星，会不会掉下来？"

"日月星辰也是发光的气体，就算掉下来，也不会砸到人。"

"只要天不塌，我就安心了。咦，那我们站在地上，万一地陷下去怎么办？"

"哈哈，这地啊，只不过是堆积的土块罢了。它填满了四处，你走路、跑步、跳跃都是在地上。放宽心，地也不会陷落的。"

"喔，原来是这样，之前可把我吓坏了。"

"哈哈，都是些不着边的事，你就是杞人忧天，庸人自扰，想得太多啦。"

经过朋友一番劝解，杞国人总算放下了悬着的心。这么多天，他都没好好吃顿饭，没好好睡个觉，更没好好出门溜达溜达了。

他走出院子，伸手摸摸四下的空气，又抬头望望天。蔚蓝的天空中，飘浮着雪白的云朵，安宁又静谧。

"天稳固着呢，压根不会塌。咦，那人们看到的银色光束和坠落的大石头，又是怎么回事呢？"

头脑风暴

小朋友，故事讲完了，我们来做个头脑风暴吧——和天有关的事儿，都是古人的心病？

对古代先民来说，天是一种挺神秘的存在。那时生产力不发达，人们对发生在天地间的自然现象和变化，像刮风、下雨、霹雷、闪电十分不理解，感觉好奇、迷惑又害怕。和天有关的事儿，在先民们看来，可真不是什么闹着玩的笑话。他们总会想：天是怎么来的？天会不会生气？天会不会倒塌？要是天塌了，又该怎么办呢？

于是，这些脑洞大开的先民，想象出许多和天有关的故事：

很久很久以前，天地未分，世界混沌一片。大巨人盘古抡起斧头一通猛劈，把混沌分开了。轻而清的东西上升成为天，重而浊的东西下沉成为地。顶天立地的盘古越长越高，天也越升越高，最终定了型。

可后来，发生了一场大灾难。支撑天的大柱子倒了，天塌下大半个，千疮百孔。肆虐的山火、洪水和猛兽将人间变成地狱。心急如焚的女娲娘娘炼就五色石，补好了天。善良的巨龟献出四条腿当擎天柱，重新将天撑好。

这就是盘古开天、女娲补天的古老神话。淳朴简单的远古人，竟想象出如此奇幻瑰丽的神话故事，既解释了和天有关的种种自然现象，又表达出自己想要征服自然的美好愿望，真是很有才华又很有勇气啊！

秦廷之哭

男儿有泪也轻弹，谁是最爱哭的男人？

成语 秦廷之哭

含义 比喻乞求别人援救。

智慧热身

小朋友，你参加过传统的中国婚礼吗？在婚礼上，人们将男子和女子结婚叫作结为"秦晋之好"。这种说法是怎么来的呢？

春秋时期，诸侯国之间特别流行联姻。比如，秦穆公见晋国强大，就去提亲，娶了晋国公主。为拉拢晋国太子，秦穆公又将女儿嫁给他。秦国和晋国成为亲上加亲的好盟友，这就是秦晋之好的来历。

他们为什么要互相嫁娶呢？当然是出于政治上的需要啦。那时候，诸侯争霸赛打得火热，为了和别国搞好关系，结成同盟，彼此间就结成了儿女亲家。遇到事情，亲戚间总能帮一帮，拉一把，是不是？

　　唉，也不一定啊。在诸侯们看来，国家利益可比儿女情长重要多啦。要是有了政治利益上的冲突，联姻也就显得不那么稳固啦。

　　要不然，为何有个人去亲戚家搬救兵，哭了七天七夜才求到呢？

成语故事

　　一转眼，楚国的太子建到了成婚的年龄，楚平王想给他娶个秦国公主，借此同秦国结盟修好。

　　秦哀公收下重金聘礼，将妹妹孟嬴嫁了过来。大臣费无忌是个马屁精，他见公主貌美，就撺掇楚平王将公主纳为己有，还生了个小儿子，就是日后的楚昭王。

　　做了缺德事的费无忌怕遭太子记恨，竟在楚平王面前恶人先告状："太子对您有夺妻之恨，正偷偷招兵买马，联络诸侯，准备造反呢。"

　　楚平王气坏了，叫来辅佐太子的大臣伍奢问话。伍奢为人正直，当庭反驳道："太子是您的至亲骨肉，您千万不要相信小人的谗言啊。"

　　费无忌又煽风点火："伍奢和太子是一伙的，不杀了他们，您的王位可就保不住了。"

黑白不分的楚平王将伍奢投进大牢，又想斩草除根，连他儿子伍尚、伍子胥一起杀掉。他向二人发令："你俩若速速回朝，可饶伍奢不死。如若不归，哼，伍奢就没命了。"

　　哥哥伍尚仁孝慈爱，明知是个陷阱，还是舍生取义回了朝。果然，父子俩一同被杀害。弟弟伍子胥刚烈隐忍，认为白白送死没有意义，便奔逃到吴国伺机复仇。

　　"我的力量太渺小，只有借助他国兵力，才能实现复仇的宏愿。"伍子胥为吴国献计献策，逐渐得到吴王的信任和重用。他将复仇的火焰小心收敛，只等待时机成熟的那一刻。

　　多年后，伍子胥带领吴军攻破楚国都城。隐忍多年的愤怒像滚滚岩浆冲出火山口，瞬间喷发。他将死去多年的楚平王从坟墓中挖出，用钢鞭抽了整整三百下才停手，将楚平王的尸骨打得稀巴烂。

　　伍子胥逃亡前，曾对同朝为官的好朋友包申胥说："我一定要灭掉楚国，为父兄报仇。"

　　申包胥回答："你能灭掉楚国，我也能拯救楚国。"

　　志向不同的两人，从此分道扬镳。

　　楚都沦陷后，申包胥逃到山林中。听闻楚平王被鞭尸，他生气地派人给伍子胥捎话："你也曾侍奉过先王，如今这般侮辱死者，真是违背天理。"

　　伍子胥回话："就像日暮途远，我也是被逼上绝路，没有办法啊。"

　　吴军来势汹汹，一边攻城略地，一边搜捕楚昭王，再这样下去楚国就完了。焦急的申包胥翻越陡峭的山崖，蹚过湍急的深水，双脚磨出血泡和老茧，艰难跋涉了好多天，终于赶到秦国搬救兵。

秦哀公不想管闲事，推脱道："请你先回馆舍休息，再议吧。"

申包胥悲伤极了："昭王流落在荒山野岭，连个安身之处都没有。我身为臣子，又怎能睡得着呢？"

他越想越伤心，就靠在秦宫大殿的墙壁上号啕大哭起来。哭啊哭，哭啊哭，整整哭了七天七夜，眼睛都哭肿了。

苍天啊，大地啊，救救楚王吧！

秦哀公感慨地说："无道的楚王竟有这样仁义的臣子，我还有什么理由不出兵呢？速派战车五百乘，救楚去吧。"

在秦楚联合夹击下，吴军有点抵挡不住了。此时吴国内部又出了乱子，趁着吴王外出征楚，他的弟弟竟偷偷篡了权。焦头烂额的吴王再无暇顾及楚国，赶紧撤了兵马，回家救火去了。

就这样，战况发生了扭转，岌岌可危的楚国得到了暂时喘息的机会。

头脑风暴

小朋友，故事讲完了，我们来做个头脑风暴吧——男儿有泪也轻弹，谁是最爱哭的男人？

都说男儿有泪不轻弹，可为了救楚，申包胥连哭七天七夜，终于哭来救兵。据说有个人更厉害，他的江山都是哭来的。这是真的吗？

在长篇小说《三国演义》中，蜀汉首领刘备被塑造成一个动不动就哭鼻子的男人。从凝泪而望、暗暗垂泪到捶胸顿足、泪如雨下，再到斑斑成血、昏厥于地，小说中的刘备哭哭啼啼了几十回。

其实啊，这都是文学创作中的夸张成分，刘备的江山也不是哭出来的。《三国志》作者、史学家陈寿说，刘备是个极佳的情绪控制者，他沉默寡言，善待下人，并不轻易表现出自己的喜怒，可不是这么哭哭啼啼的啊。

前倨后恭

先傲慢，后恭敬，势利眼怎么这么势利？

成语 前倨后恭

含义 先傲慢，后恭敬，形容对人的态度来了一个一百八十度的大转变。

智慧热身

小朋友，在生活中，你见过下面这样的人吗？

一个人鼠肚鸡肠，气量狭小，遇事想不开，真是个"小心眼"。

一个人墨守成规，不懂变通，做事一根筋，真是个"死心眼"。

一个人对待朋友，穷困时瞧不起，富贵了又巴结，真是个"势利眼"。

小心眼、死心眼和势利眼，三个"眼"都很有问题。小朋友，你可得擦亮眼睛，千万别染上这些不好的毛病哟。

成语故事

战国时，有个叫鬼谷子的怪老头，上知天文，下知地理，通晓兵法和纵横术。苏秦、张仪、庞涓、孙膑这些风云人物都当过他的学生呢。

苏秦是东周洛阳人，出生在平民家庭。那时，东周王室早已危如累卵，齐、楚、燕、韩、赵、魏、秦七个诸侯国正逐鹿中原，苏秦想在这乱世中建功立业，就跟着鬼谷子学习辅佐帝王的方法。毕业后，他游历了很多国家却没什么成就，只好先回到洛阳。

一身旧衣服，一双烂草鞋，一包破行李，苏秦满脸落魄地踏进家门。兄弟妻嫂谁也不给他做饭，也不正眼瞧他，反而挖苦道："哼，不安心种地，却去卖弄什么口舌，老大不小了还一事无成，真是活该。"

苏秦又惭愧又伤心，从此闭门不出，苦读经典，呕心钻研，终于琢磨出一套独特的治国方略。

"我一定能说服众诸侯，干出一番惊天动地的大事。"

苏秦来到赵国，为刚登基不久的赵王出谋划策："秦国又强势又霸道，总想侵扰别人。六国土地加起来有秦国五倍大，士兵加起来有秦国十倍多。如果六国联手抗秦，秦军一定不敢迈出函谷关半步。到那时，您就能成就霸业了。"

赵王信服地说："此事甚好。寡人赐你车马、黄金、宝石和布匹，请你去游说另外五国，促成抗秦大计。"

苏秦相继来到韩国、魏国、齐国、楚国，滔滔不绝地阐述南北联手、合纵抗秦的好处，获得一致认同。加上最开始说服的燕国，六个国家对苏秦的建议全票通过。

他们看重苏秦的才能，推举他当联盟统帅，还封他做本国丞相。就这样，苏秦从一个默默无闻的小谋士，变成了执掌六国相印的大人物。

结盟成功的苏秦回赵国复命，途经洛阳。他的车马里装满军械和粮草，还有各国使者一路送行。这阵势，简直比君王还气派呢。

"苏大人回来了，苏大人回来了。"苏秦衣锦还乡的喜事，传遍了洛阳城的大街小巷。

周王怕得罪苏秦，赶紧命人修整道路，派使者到郊外迎接。回到家中，兄弟妻嫂也怕得罪他，一个个像哈巴狗似的俯首帖耳、

低声下气，大气都不敢喘。

苏秦笑着问嫂嫂："您以前对我态度傲慢，现在却又如此恭敬，这是为什么呀？"

嫂嫂点头哈腰，谄媚地说："您现在飞黄腾达了，我怎能不恭敬？"

苏秦感慨道："同样一个人，贫贱时连亲戚都看扁他，富贵了连亲戚都害怕他。自家人尚且如此，又怎好苛求关系一般的人呢？"于是，他将金银财宝赏赐给亲朋好友，报答了所有帮助过他的人。

听说六国要联手对付自己，秦王又气又怕。此后的十五年里，秦国军队再不敢轻举妄动，迈出函谷关半步，这可都是苏秦的功劳呢。

头脑风暴

小朋友，故事讲完了，我们来做个头脑风暴吧——先傲慢，后恭敬，势利眼怎么这么势利？

有个比苏秦更厉害的人，也遇到过这样的势利眼呢。

商朝末年的姜子牙是个博学的老头。他每天去河边钓鱼，奇怪的是，他的鱼钩是直的，既不挂鱼饵，也不伸进水里，就悬在离水面三尺高的地方。

"鱼儿啊鱼儿，你们愿意的话，就自己上钩吧。"

妻子马氏嫌他不务正业，挣不来一文钱，就对他又打又骂，最后还离了婚。

后来，姜子牙在河边遇到求贤若渴的周文王，辅佐文王父子振兴西岐，推翻商纣，建立西周，还得到东海边的一大块封地。

衣锦还乡时，一个灰头土脸的妇人扑过来，拜倒在他脚下，原来是马氏。马氏见姜子牙当了大官，说了很多奉承话，想和他破镜重圆。

姜子牙把一盆水泼在地上，说如果马氏能将水一滴不漏收回盆中，两人就能复合。

可泼出去的水都渗进泥土里了，哪里收得回来？马氏忙活半天只抓了两手泥，愿望落了空。这就是"覆水难收"的故事。

扬扬自得

赶车的小卒，怎么变成士大夫？

成语 扬扬自得

含义 形容十分得意的样子。

智慧热身

古代不少当大官的人，在没有发迹的时候，衣食住行都十分朴素。等到升上高位，地位显赫了，俸禄丰厚了，吃穿用度也变成了高配：穿的是轻暖皮袍，吃的是珍馐美馔，住的是朱门大宅，乘的是肥马高轩。更有不少人，脾气越来越骄躁，待人越来越傲慢。

唉，真是官升脾气长、位高架子足啊。

而有这样一个大官，即使贵为一人之下万人之上的宰相，也丝毫不摆架子。生活中的他能省就省，绝不铺张浪费、讲究排场。待人接物也还是那么平易谦和，经常用自己的钱接济亲戚朋友和贫苦百姓。

这么好的官，究竟生在哪朝哪代、姓甚名谁呢？

成语故事

春秋时期，齐国有个大名鼎鼎的宰相叫晏婴，又被尊称为晏子。

如果你读过"晏子使楚"的故事，就一定对他不会陌生。楚王三次刁难晏子，晏子仅用短短三段话，就在谈笑自若间维护了自己和齐国的尊严，也没有得罪楚王。是不是很有外交才华？

这么厉害的一个人，生活上却非常节俭，穿的是简朴布衣，吃的是粗茶淡饭，住的是狭小旧屋，乘的是破车劣马。

一天早晨，晏子乘车去上朝。在一众华丽的车马中，晏子的车马很另类。齐王惊讶地说："瞧瞧你的车马，多么破败，是不是俸禄太少不够花？我送你一套好车好马，怎么样？"

晏子推辞道："谢谢大王的恩典，但微臣不能要。"

齐王有点生气："上次寡人修建新宅子给你，你退了回来。这次，寡人送你好车好马，你又死活不受。难道是看不上寡人的礼物？"

晏子连忙解释说："对臣来说，能吃饱穿暖，有个代步小车，已经足够了。您让我管理百官，我自然应该衣食住行处处节俭，为别人做出表率。要是我也乘着好车好马，还怎么管理那些生活奢侈的官员呢？"

齐王觉得很有道理，便不再坚持。这个故事，就是有名的"晏子辞赐驾"。

　　晏子谦逊平和，不骄不躁，这种独特的人格魅力不仅征服了国君，也深深感染着他周围的人。

　　有个车夫人高马大，身材魁梧，一直为晏子驾车。一天，车夫妻子听说丈夫会驾车从自家门前经过，便守在门边。坊间传言都说当朝宰相晏子虽其貌不扬却气度不凡，她很想亲眼瞧瞧。

　　马车疾驰而来。妻子看到同坐马车中的丈夫和晏子，忍不住连连叹气。

　　傍晚，车夫回到家，看到妻子饭都没做，正收拾包袱准备离开。他惊讶地问："出了什么事？你为什么要走？"

　　妻子摇着头说："今天，我看到晏子和你。晏子身高不到六尺，虽贵为齐国宰相、声名响彻诸侯，看起来却深沉稳重、谦卑谨慎。再看看你，一个八尺大汉，却甘心当个赶车的。这还不算，你赶车时竟一副趾高气扬、扬扬自得的模样，好像多了不起似的。齐国最好的榜样就坐在你身边，你怎么不好好学学呢？"

车夫羞愧难当："贤妻说得有理。我仗着给宰相驾车，往自己脸上贴金，真是忘乎所以了。我改，我改。"

从此以后，车夫一改往日狂妄轻浮的作风，举手投足、待人接物变得跟晏子一样谦逊有礼。晏子知道了这件事的原委，认为车夫是个可塑之才，便任人唯贤，推荐他当了齐国的大夫。

瞧，"车夫变大夫"的故事，不仅衍生出一个活灵活现的成语"扬扬自得"，也成了一段劝诫人反躬自省的佳话呢。

头脑风暴

小朋友，故事讲完了，我们来做个头脑风暴吧——赶车的小卒，怎么变成士大夫？

车夫变大夫，既有晏子的提携，又有自己的悔悟，更少不了妻子的劝诫。

中国古代有句俗语叫"家有贤妻，胜过良田万顷"。一位贤惠聪颖、知书达理的妻子，真的能助丈夫一臂之力，让他少走弯路呢。

东汉时有个叫乐羊子的书生，外出求学期间总贪恋家中安逸，三天两头跑回家，连课也不上了。

妻子将他带到织布机旁，苦口婆心地说："这长长的布是我一寸一尺织出来的。要是我中途将它剪断，布就废掉了。读书也一样，千万不能半途而废啊。"

　　乐羊子很受启发，终于下定决心艰苦求学，再也不中途放弃了。

成语游戏

喜怒哀乐排排队

人有各种各样的情感，遇到开心事就快乐，遇到伤心事就悲哀，遇到糟心事就烦恼，遇到不满的事就愤怒，遇到惊悚的事就害怕……这些啊，都是人正常的情感表达。

当然啦，有的情绪是积极情绪，有的情绪是消极情绪，要是生活中多一些积极情绪，我们的幸福感和快乐感就能飙升啦。

下面的成语，有的比喻喜悦，有的比喻忧愁，有的比喻悲痛，有的比喻害怕。请你给它们分分类吧。

心花怒放	泣不成声	谈虎色变	忍俊不禁
如丧考妣	毛骨悚然	唉声叹气	秦廷之哭
喜气洋洋	撕心裂肺	杞人忧天	不寒而栗
怅然若失	谈笑风生	黯然神伤	魂飞魄散

表示喜悦的成语

表示忧愁的成语

表示悲痛的成语

表示害怕的成语

成语游戏答案

【五官的成语】

三寸之舌、毛遂自荐、油嘴滑舌、高山流水、掩耳盗铃
伯乐相马、开山鼻祖、仰人鼻息、眉飞色舞、火烧眉毛

【手脚的成语】

指手画脚、轻手轻脚、笨手笨脚、毛手毛脚、七手八脚
蹑手蹑脚、束手束脚、碍手碍脚、大手大脚、多手多脚

【躯干的成语】

专心致志、兰心蕙质、心灵手巧、碧血丹心
肝胆相照、侠肝义胆、卧薪尝胆、赤胆忠心
仙风道骨、铮铮铁骨、冰肌玉骨、血气方刚

【才貌的成语】

王昭君—塞外和亲，维护国家的安定—沉鱼落雁

西施—帮助越王勾践完成复国大业—东施效颦

晏婴—挫败楚王想羞辱齐国的伎俩—南橘北枳

张飞—蜀汉名将、孔武有力的大嗓门—粗中有细

关羽—蜀汉名将、威震华夏的美髯公—单刀赴会

邹忌—用照镜子比美巧劝君王纳谏—城北徐公

【情绪的成语】

表示喜悦的成语：喜气洋洋、心花怒放、谈笑风生、忍俊不禁

表示忧愁的成语：杞人忧天、黯然神伤、怅然若失、唉声叹气

表示悲痛的成语：秦廷之哭、如丧考妣、撕心裂肺、泣不成声

表示害怕的成语：不寒而栗、毛骨悚然、魂飞魄散、谈虎色变